行·远

——中国海洋大学本科课程教学评估工作文集

主　编　段善利

副主编　王　渊

编　委　马　勇　何培英　姜永玲
　　　　朱信号　常　顺

中国海洋大学出版社

·青岛·

图书在版编目(CIP)数据

行·远:中国海洋大学本科课程教学评估工作文集/
段善利主编. —青岛:中国海洋大学出版社,2023.10
ISBN 978-7-5670-3614-7

Ⅰ.①行… Ⅱ.①段… Ⅲ.①高等学校－教育评估－
中国－文集 Ⅳ.①G649.21-53

中国国家版本馆 CIP 数据核字(2023)第 177329 号

XING·YUAN—— ZHONGGUO HAIYANG DAXUE BENKE KECHENG JIAOXUE PINGGU GONGZUO WENJI

行·远——中国海洋大学本科课程教学评估工作文集

出版发行	中国海洋大学出版社		
社　　址	青岛市香港东路 23 号	邮政编码	266071
出 版 人	刘文菁		
网　　址	http://pub.ouc.edu.cn		
电子信箱	appletjp@163.com		
订购电话	0532-82032573(传真)		
责任编辑	滕俊平	电　　话	0532-85902342
印　　制	日照日报印务中心		
版　　次	2023 年 10 月第 1 版		
印　　次	2023 年 10 月第 1 次印刷		
成品尺寸	170 mm×230 mm		
印　　张	13.5		
字　　数	220 千		
印　　数	1—2000		
定　　价	69.00 元		

发现印装质量问题,请致电 18663037500,由印刷厂负责调换。

● "国际私法学"课程观摩研讨

● "跆拳道"观摩课

● "食品化学"观摩课

● 2019 年春季学期课程教学评估总结表彰会暨 2019 年秋季学期课程教学评估工作启动会

● 2022 年秋季学期课程教学评估总结表彰会暨 2023 年春季学期课程教学评估工作启动会

● 2023 年春季学期课程教学评估评定会

● 2019 年春季学期评估专家
查阅参评教师教学档案

● 材料科学与工程学院第三届课堂教学比赛

● 工程学院调研

● 管理学院调研

● 管长龙主任（左）与参评教师交流

● 刘新国主任（左）与参评教师交流

● 横向专家组评估中期交流会

以学生为中心，厚积薄发，教学相长
—— 2022年秋季学期课程教学评估优秀教师谈教学

忙碌而充实 累并快乐着

医药学院 刘志豪

静心做老师，尽心教学生

> 信息科学与工程学部海洋技术学院 陈海花

如何上好一门理论课

> 文学与新闻传播学院 第五越

法学院 于晓玄

"磨"课中共同成长

> （高等教育研究与评估中心 供稿）

● 《中国海洋大学报》2022年秋季学期课程教学评估优秀教师专版

序

中国海洋大学自 1986 年开始组织实施课程教学评估工作,确立了"以评促建,以评促改,评建结合,重在提高"的评估宗旨,努力为学校的本科教育教学质量提供保障。多年来,在学校教学评估专家常设委员会的指导下,评估工作始终保持坚定正确的政治方向,深入贯彻国家教育方针政策,坚持与时俱进,传承发展,改革创新,不断修订完善评估工作办法和评估指标体系,积极加强与院系的联系,持续改进、优化、完善和提升,强化在育师、育课、育人方面的作用。

至今,学校的课程教学评估工作已开展 37 年,共有 1586 门次课程参加了评估,290 门次课程获评优秀。评估过程中许多匠心育才、甘为人梯的评估专家不辞辛劳奔波于各个校区,大处着眼、小处着手,为课程建设方向确立、教学目标论证调整和教学内容遴选完善等工作诊经把脉、指点迷津,为教师教学技术与方法的改进提出切实中肯的意见和建议;参评教师认真从教,严谨教学,坚持立德树人,深耕细作,精益求精,并在专家的指导和帮助下不断推进课上课下一体化教学,优化提升教与学两方面的体验和效果。课程教学评估工作在推动学校专业改革,促进课程建设,助力提升教师教学能力和水平,改善提升学生学习体验、学习效果和育人成效中发挥了重要的作用;同时,在学校教育教学质量保障与提升中切实起到了导向、激励和鞭策、监督作用,进一步巩固、夯实了卓越教学质量文化,有效促进了学校优良校风、教风、学风的形成。

学校对课程教学评估工作一直给予高度重视,明确了其学术性、独立性的工作属性,强调任何人无权越过程序干涉评估评定结果,并将结果与教师聘任和职称评聘等工作挂钩,从而以外力激发和驱动内力,大力推动教师在教学上努力改进和提升。在学校教学评估专家常设委员会的指导下,中国海洋大学高等教育研究与评估中心亦始终坚持与时俱进，结合多年工作实践的认识、反思和总结，广泛吸纳专家和一线教师的意见建议，集思广益，群策群力，适时修订课程教学评估工作办法，强化评估工作目标导向，优化评估工作流程，明确评估专家职责，明晰参评教师要求，严格评估工作纪律等，并进一步严格立德树人的教学要求，贯彻先进的教育教学理念，学习科学的教育教学方法和手段，推广过程性、综合性、终结性相结合的学生考核评价方法等，为课程教学评估工作的稳定传承和持续发展奠定了坚实的基础。

近年来，学校在评估工作的组织过程中，更广泛地邀请院系教学工作负责人、教学成果优秀的中青年教师参与评估工作，目的是让更多的人参与评估，增进认同，提升认识，在工作过程中让他们更好地理解评估工作的宗旨，了解评估工作的流程，学习评估工作的组织方式和方法，掌握评估工作的标准和技巧，让他们快速成长为优秀的教学带头人、教学专家、基层教学组织负责人、院系教学负责人，进而在教学和管理工作中追随、借鉴评估工作的模式和经验，更好地打开工作局面。此举效果已经充分显现，从数位专家和教师的文稿中以及当前各学院的教学工作中都可以得到印证。同时，学校还加大了对优秀教师的宣传力度，更广泛地开展教学观摩和教学研讨活动，促进优秀教学经验的示范推广，互学互鉴，不断巩固、夯实、传播卓越教学质量文化。

本文集收录了专家文稿14篇、参评教师文稿40篇，每一篇文稿都凝聚了专家和教师的心血与智慧，让人感动，亦让人欣慰。专家融理于情，在充分肯定评估工作的意义和价值中也客观中肯地提出了宝贵的改进意见和建议，为今后课程教学评估工作的持续稳定发展和改革创新提供了重要的指导；而工作在一线的广大教师则寄情于教，在教学的路途中甘守三尺讲台，努力追求卓越，不断践行教书育人的责任与使命，不断改革与创新，让我们深切感受到他们作为教师的光荣与情怀，也让我们更加认识到教学评估工作对于教师成长的巨大作用，从而不断总结反思如何优化和改进评估工作的方方面面。

中国海洋大学高等教育研究与评估中心的编者们将本书定名为"行·远"，取校训中字，与2020年学校教学督导工作建制20周年出版的文集《底·器》既一脉相承，亦呈现了不断发展之势，互为辉映，相得益彰。时任副校长李巍然教授曾为《底·器》作序，肯定教学督导工作是"'学在海大'的根基所依，是学校保障教学质量的操之重器"，深以为然！而作为历史更长、对教师教学工作影响更为深远的课程教学评估工作,以其称之,亦颇为适切。期待学校的课程教学评估工作正如书名所寄托的那样,既遵循科学精神,又眼界高远、目标远大,且脚踏实地、实事求是,为学校教育教学事业的蓬勃发展做出新的贡献。

最后,在此向多年来所有参与课程教学评估工作的专家、老师道声辛苦,并向所有关注和支持教学评估工作的同志表达诚挚的谢意。

2023 年 5 月

目 录

第一部分　专家谈教

第二部分　教师心语

附　录

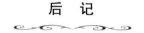

后　记

第一部分　专家谈教

PART ONE

我与课程教学评估

管长龙 *

一、缘起

"人无法规划自己的未来,但你可以规划工作。"这是 2014 年我在学校研究生毕业典礼上作为教师代表发言时说过的一句话。当年送给学生的这句话,没想到后来却让自己"受用"了,就好像投掷出了一只澳大利亚原住民的飞去来器(boomerang)却击中了自己。2018 年夏天,我担任海洋与大气学院院长已满 10 年,任职时间已超出规定,就主动向领导汇报请求卸任之事。通常这种事情的结果,要么"是",要么"否"。也许是因为曾自嘲为"不为统计规律所规定之人",得到的结果

却是"否 plus",不仅卸任未成,还要再领两项职责。本着"尊重领导,正视自己"的想法,我只接受了其中的一项职责——担任学校教学评估专家常设委员会主任。原本想要规划自己的未来,结果却被规划了工作,于是自己就成为学校课程教学评估工作中的一个新手。

二、听课

最初接受担任学校教学评估专家常设委员会主任时,被告知占用时间不会多,只是作为关键问题的把关角色。虽然自己在本科教学方面所做工作不算

---

* 管长龙,中国海洋大学海洋与大气学院教授,名誉院长,现任学校教学评估专家常设委员会主任,教育部高等学校海洋科学类专业教学指导委员会秘书长。

多,但毕竟曾经做过分管本科教学工作的副院长,一直坚持给本科生上课,而且还在读博前在当时的青岛化工学院有过两年的普通物理教学工作经历,当时还获得过基础部的教学效果优秀奖,所以对胜任这个把关角色还是有些信心的。待深入了解后才知道,学校教学评估专家常设委员会主任是所有学科组的横向专家,原则上需要听所有参评老师的授课。这无疑使自己起初的自信面临两个重要考验:①是否能够做到去听每一位参评老师的课程。②参评课程的内容涉及理、工、农、医、人文、社科、艺、体,远超出自己的专业背景和知识范围,究竟以怎样的方式去听课才能确有实效。经过慎重考虑,我决定:①每位参评老师的课至少听一次。若不实地听课,基于纸质材料是无法对老师的教学水平做出评价的,特别是当评估专家的意见形不成共识时,自己作为常设委员会主任的意见就显得尤为重要,因此自己的意见必须基于实地听课的感受。②听课时,把自己当成选课学生。要像一个认真学习的学生那样去记听课笔记,需从学生的视角去看待老师的讲课效果,哪些地方使自己有了收获,哪些地方还需要改进,课后要与参评老师深入交流听课感受。

截至2022年秋季学期末,我已听课324门次,除2019年春季学期因时间冲突导致未听两位参评老师的课程,其他老师的课我至少实地听过一次。参评老师普遍备课认真,用心授课,效果优良,巩固并发扬了"学在海大"的声誉;学生也普遍反映参加评估的课程教学效果好。令自己感到欣喜的是,听课后与老师的交流对他们有一定的启发作用。同时,听课也使自己极大地丰富了各学科知识,科学深刻地理解了很多生活中的常识,使听课成为一项令人愉悦的工作。若非年龄所限,如果假以时日,自己成为一个百科全书式的知识人也并非不可期。

三、感想

通过几年的听课实践,逐渐对于课程在育人过程中的作用以及课程教学中存在的共性问题有了一定的认识、体会和感悟。坦率地讲,自己在教学实践过程中,对于这些问题的处理也不是很好。以下为几点感想,供各位老师参考。

1. 如何看待一门课程

(1)一门课程是课程体系的组成部分,课程体系则是培养方案的核心内容,而培养方案的实施是为了达成培养目标,因此一门课程是担负着特定的达成培养目标的任务的,有必要将其放在课程体系、培养方案、培养目标中来看待其育人作用。

(2)一门课程不是孤立的,是与其他课程相联系的,这种联系既体现在课程体系中,也体现在知识结构上。前者以课程大类或群的形式发生联系,课程内容中有共同的部分,是一种横向联系;对于后者,既有支撑此门课程的更基础的课程,也有其所支撑的课程,是一种纵向联系。

(3)教材是课程的载体,其内容是服务于培养目标的。任课教师应该了解国内外同类专业教材的内容以及非同类专业教材的内容,从而能从更高层面上来理解教材内容所做取舍的意义。

(4)一门课程的授课方式一定要考虑所面向的学生群体,应如陈平原先生所言,"为中才立规矩,为天才留空间"。

2. 板书与PPT

当前大多数老师采用PPT授课,少部分老师采用传统的板书形式。无论采用哪种形式,都应对教材内容进行重构,或者在逻辑上,或者在内容上,或者二者兼而有之。从传授知识的角度而言,二者是等价的。何者为佳,取决于课程的性质。如果是数学、物理等基础课程,公式推导过程较多,板书效果更佳,这是因为学生能够跟随老师的板书进程进行同步思考。如果是主要以数据和图形来呈现内容的课程,PPT优势显著,既精确,又高效。目前多数课程以PPT为主,板书为辅,经常出现的问题有:板书的内容与PPT重复;PPT上的文字过多;PPT提供的信息过多,效果类似学术报告;未发挥出PPT的优势(如用板书绘图、未配上必要的图片)。有些完全板书的课程存在的主要问题有:板书内容缺乏布局设计;无必要的辅助教具(如挂图、实物)。理想的授课方式应是板书为主,PPT为辅,如果需要,再配以适当的教具。

3. 研讨式教学

目前大多数研讨式教学采用教师课前布置题目、学生课上以PPT口头汇报的形式,汇报题目通常各不相同。存在的主要问题有:学生汇报内容比较散,教师点评不到位,引导性不强;由于题目不同,学生之间、学生与教师之间无法形成交流碰撞。理想的研讨式教学应该聚焦题目,这样学生之间、学生与教师之间可以讨论、争论、碰撞,通过论据展示不同的观点,最后达成深化认识的目的。

4. 教学相长

　　课程教学不仅是传授知识的过程,而且是重要的育人环节,同时也应是教师成长的过程。文圣常先生被誉为中国海洋大学的"大先生",他的成名之作源于教学初心——因编写讲义需要,他发现了当时海浪研究存在的问题并加以解决,从而取得了具有极大创新性的成果。美国教育家杜威说过,"If we teach today's students as we taught yesterday's,we rob them of tomorrow."。在以ChatGPT 为代表的人工智能急速发展的背景下,传统的教学方式面临着巨大的考验,传授知识将不再是课程教学的核心任务,如何提出问题,如何通过有限的知识点建构系统的知识将变得愈发重要。师生交流碰撞、教学相长,或许是未来课程教学的常态。

浅析教师的教学角色认知

段善利 *

作为中国海洋大学高等教育研究与评估中心的负责人，我于 2017年底开始着手全面组织、策划和参与学校的课程教学评估工作。我先前或多或少地接触过这项工作，自认为有一定的经验，但直到作为第一责任人来真正组织开展这项工作时，才深刻地认识和领会到先前那  一点儿经验是多么微不足道。荣誉与期待、成效与实效、传承与发展，都让我感到沉甸甸的压力与责任。

伴随着信息化时代的到来，我们的教学对象——学生的个体差异愈加明显，他们获取信息的能力、渠道也日益提升和丰富，而他们的价值取向、职业目标选择更呈现多元化的趋势。这给教师的教学活动带来很大的冲击：教学的空间、时间需要进一步拓展，教学过程管理需要更为注重个性化需求，教学效果考查需要更多地甄别判断和考虑更多的元素，学生成长成才需要给予更多的关心关注，等等。几年来，我以评估工作的开展为契机，力争走进每一位参评教师的课堂，在听课、评课和与教师的交流讨论过程中思考新时代背景下大学教师的角色与以往相比有什么变化？应该有哪些责任和担当？结合工作实践，我有几方面看法，难以周全，现试述如下。也期待广大教师能够从中得到启示，认识到

* 段善利,副教授,中国海洋大学高等教育研究与评估中心、教学支持中心主任,现任学校教学评估专家常设委员会副主任。

变化了的课堂和学生的需求,从而积极地做出改变。

一、教学资源的遴选提供者

当前的教学活动已不能再局限于过去的一门课、一本教材,而是一门课、数本参考书目,还包括前沿动态和文献资源,另有丰富的网络资源等。教师要做的不仅是课本知识的输出,还要为学生课下自主学习提供相应的学习资源。为避免学生迷失在海量的资源中不得头绪和被无益的网络资源诱导而沉沦其中不能自拔,教师需要根据不同任务选择合适的教学材料,进行有效筛选,合理订制,控制好量与质的要求和资源提供的时间节奏,并指导、支持学生的学习,从而明确学生自主性学习的目的性,富有针对性,同时保障其可行性,能够落实,并循序渐进,取得预期实效。

二、教学活动的策划组织者

在以学生为中心的教育教学理念下,教师需要认识到教学过程中学生的主体地位,而教师则处于主导地位。教师要转变思路,让学生有更多的自主、合作、探究式学习体验,激发学生的学习积极性,使其自觉成为问题的发现者、分析者和解决者,培养学生主动探究、分析和解决问题的能力。教学中,教师要正确处理主导与主体的关系,摆正教师在课程教学中的主导地位,通过教学活动的科学策划和组织,为学生的个性发展提供平台;鼓励学生充分利用已有的知识和生活经验,发表自己的见解,自悟自得;同时,强化学生间的合作协作,互相启发,互学互鉴,强化团队意识,培养团队协作能力。

三、学习任务的布置检查者

大学的课业学习应是富有挑战性的。课程教学目标的达成不应是仅仅通过课上听讲就能实现的,必须布置相应的学习任务,以此来夯实巩固课程的教学效果。作为学习任务的布置者,教师应充分考虑学生的实际情况,包括学习兴趣、学习能力、知识水平、时间保障等,通过设计学生感兴趣的难度适中的任务,让大多数学生通过任务的完成能够达成课程教学目标。学习任务切忌笼统和缺乏挑战性,应能够激发学生的自发性学习和自主探究式学习,让学生通过自己的探索学习掌握新知识、新技能,产生新感悟,从而获得学习的自信和满足感、成就感,让学生感受到学习的意义和价值。学习任务不宜简单化,太过简单的任务,学生会感觉索然无味,不利于激发学生的兴趣;当然,也不宜太难和过于复杂,以免挫伤学生的学习积极性。教师还要注意进行学习任务的检查,及时发现学生存在的问题并进行有效反馈、督促,如此才能更好地促进学习任务的完成。

四、教学效果的考查考核者

没有有效的考查考核就没有有效的学习。考,考,考,老师的法宝;分,分,分,学生的命根。不论何时,考,都是一个指挥棒,是督促和激励学生学习的有效手段。教师要充分利用考查考核这一教学手段,帮助巩固和提升教学效果。当然,要注意避免应试性的倾向。考查考核可以在教学过程中针对教学中的重难点以各种方式即时进行考查考核,强化学生的认知;也可以在完成某一教学单元或者某一阶段的学习后及时进行考查考核,有利于发现学生学习中存在的普遍性问题,帮助教师进行教学计划的调整,适时地答疑解惑,消化疑难问题,为后续的学习打下更好的知识基础。考查考核既可以借助信息化教学辅助工具软件限时答题进行,也可以采取知识回顾梳理的方式,还可以采用布置作业的方式进行,而定期或不定期的小考也不失为一种有效的方法。

五、教学秩序的管理维护者

不可否认,严格的教学管理对于教学效果有积极影响。正所谓"教不严,师之惰",严师出高徒,一门好课的特征之一就是课堂秩序井然。当前大学课堂频频出现的现象之一是教师在讲台一角对着电脑屏幕自顾自地输出,而学生在讲台下面常常对着手机屏幕各行其是,做什么的都有,五花八门,注意力根本就不在教师的讲授内容上。如此的课堂很难称其为有效教学。很多教师并没有意识到课堂管理也是其应有的责任,从而导致课堂纪律不严,学生行为散漫,难见尊师重教之风。教师严格教学秩序要求,其实也是对自身的一种要求,也是一种形式上的教学相长,它必然会于无形中督促教师走近学生,观察学生的学习状态,关注学生学习,也关注其生活中存在的问题。当然,严格的教学秩序和活跃的教学氛围绝不是矛盾和对立的,而是相辅相成、相得益彰的。

六、教学问题的发现者、反思者、反馈者、处理者

当前,学校为一些教师配备了课程小"助教",这些小"助教"多来自优秀的高年级学生群体,有本科生也有研究生。他们承担了作业批改、教学信息反馈等任务,也充当了师生间信息传递的桥梁和纽带,有效地减轻了教师的教学负担,特别是对于教学任务比较重的教师非常必要。但教师也要恰当地用好他们,不能因他们的存在拉远了师生间的距离。教师要利用课上课下、线上线下加强与学生的互动交流,参与和引领小"助教"和学生间的交流研讨,有效组织、协调、监督、管理和控制教学过程和学生的学习状态、学习过程,在关注"学"的效果评价的同时,增加对"教"的监测与反思,第一时间发现教学中的问题并及时调整、处理,避免问题的堆积影响教学进度和效果。

七、学生学习行为的引导者、指导者、干预者、评价者

以学生为中心,明确学生在教学中的主体地位,倡导学生的自主性学习,并不是放任学生自由学习,因为那种缺乏目的性的学习大多是低效学习。而在良性的学生自主性学习过程中,教师要充分发挥主导作用,科学引导、指导学生的学习,坚持问题导向,主动提问,科学设问,与学生共同追问、解问,以问题激发和引领学生的自主式、探究式、合作式学习,激发和调动学生深度学习的主动性和积极性,提升课程教学的参与度。同时,教师还可通过信息化工具在课堂中的有效利用,创新教学方法,优化课堂管理,准确理解和把握学生的学习心理和行为状态,科学分析评价教学和学习效果等,及时纠偏、调整、激励、鞭策,防止学生走错路、走弯路或者原地踏步,甚至退步。

八、学生成长成人成才过程的关切者、尊重者、指导者、帮助者

教师应始终不忘初心和使命,为党育人,为国育才,坚持立德树人。新世纪的青年学生,生活环境和条件良好,成长路径大多较为平顺,除学习之外较少经历艰苦的生活磨砺和挫败,这当然是一种幸运、幸福,但同样也是人生成长历练的缺失,会导致他们的价值观模糊、不清晰,意志品质薄弱,成长成人成才的动机追求不强烈,自我成就感低,生命观淡漠,呈现出与年龄不相称的伪成熟心理。而我们的教师大多具有较为丰富的人生阅历和经验,同时又是学生所学专

业领域的先行者,应立足于课程特色、立足于专业人才培养素质需求、立足于行业前沿动态和发展趋势,从关心学生的成长需求着手,结合自己对科研教学的认识、学术与职业见闻、人生阅历体验等,激发学生的职业理想和追求,从而帮助学生树立高远的人生追求,养成精益求精的科学态度,实现知识传授、能力培养和价值塑造的有机统一。

学高为师,行为世范。当前,新时代的高校教师在青年学生的成长成人成才过程中所起的作用不是逐步弱化了,而是更加不可或缺了。以带领学生跑操为例,教师要不断调整自己在学生操列队伍中的位置,领跑、并跑、跟跑相结合,队首的引领、引导,队中的带动、鼓舞,队尾的激励、督促,缺一不可。以清华大学老校长梅贻琦先生在《大学一解》中谈到的一段话做结:"古者学子从师受业,谓之从游。学校犹水也,师生犹鱼也,其行动犹游泳也,大鱼前导,小鱼尾随,是从游也,从游既久,其濡染观摩之效,自不求而至,不为而成。"

不忘初心，一路前行

冯丽娟 *

教学质量是高校生存的根本，课堂教学是教学工作中最重要的环节。中国海洋大学是国内较早开展课程教学评估工作的高校，至今，学校的课程教学评估和教学督导、教学支持工作一起，形成了"评估—督导—支持"三位一体的课程教学质量保障体系，为学校高质量的本科教学保驾护航。非常有幸作为学科组专家或横向专家多次参与学校的课程教学评估工作，参与其中，乐在其中，同时这项工作也让我终身受益。

一、美好的记忆

第一次被聘为学科组专家参加课程教学评估工作是 2005 年秋季学期，虽然已经过去十几年了，但当时很多情节仍然历历在目。刚接到任务，心中窃喜，充满了被认可的自豪感，但要真正走进评估教师的课堂，却不免有些忐忑，特别怕因自己的能力不足不能胜任评估工作而辜负了参加评估的教师和学校评估中心的信任。非常感谢当时担任学科组组长的郁纬军教授，郁老师手把手传授做评估专家的经验，和郁老师一起听课，和学科组专家参加期中和期末讨论会，都是学习的好机会。期末郁老师工工整整手写的全面、准确、到位的评语文稿，更是令我折服。

---

* 冯丽娟，中国海洋大学化学化工学院教授。

那年材料科学与工程学院戴金辉老师参评的课程为"材料力学"。教学中戴老师全程板书辅助授课,板书版面设计合理,运用彩色粉笔增加视觉效果,字迹清楚,排列整齐,特别是徒手绘图,不仅画得快,而且美观规范,展现出了良好的教学基本功。戴老师的课,让我不禁想起了我上大学时讲授"无机化学"课的老师,每次课后学生需要记的笔记、敲黑板的内容都条理清晰地留在教室四块黑板上,这就是"精心设计"。

入行课程教学评估,王薇和张永玲等长期担当横向评估专家的老教师也是我学习的榜样。他们为了给出精准的课程评价,平均每门课要听3~5次,一个学期要听50~60次课。除了单独听课、横向专家内部讨论外,有时候他们还要约上学科组专家一起听课。清楚地记得王薇老师每次做横向专家时,除了听课外,她还要花大量时间认真仔细查阅评估教师提交的教学文档。她告诉我:教学文档可以反映出一些在课堂上看不到的东西,可以帮助专家更全面地了解课程和参评教师的情况。所以当我作为评估专家参加课程教学评估工作时,我也会认真地查阅参评教师的教学文档。而在阅读文档过程中我也常常被参评教师对待教学的认真态度所感动。2017年秋季学期参加评估的李铁老师取得了优秀的好成绩。李铁老师提交的课程文档中,课程讲义是手写文稿的复印件,书写整齐又漂亮的钢笔字、难点和重点清楚的标注、丰富的内容,一看就让人喜欢不已。在讲义多是打印的时代,看到这样两大本手写的、厚厚的讲义,那句"台上一分钟,台下十年功"便直接涌上心头!李老师课堂的精彩讲授来自课下辛勤的付出、充分的准备。

老一辈评估专家的敬业精神和严谨态度深深影响了我,他们给出的评估结果在我心中有极大的权威性。后来有几次我承担了学科组组长的工作,在组内专家认真讨论后形成学科组评估意见,我也期待在期末评估评定会上我们学科组和横向专家的意见能够一致。记得有一次学科组给出参评教师的成绩排序和横向专家的排序出现了差别,为此我专门请教了那学期代表横向专家给出评估意见的张永玲老师。张老师耐心解释了横向专家意见形成时的考虑,也说明这种现象存在的合理性。听了张老师一席话,终于释然,从此不再纠结二者的非一致性,同时对学校课程教学评估过程设计的科学合理性有了进一步认识。

对于教师来说,参加课程教学评估、有机会接受数位专家的听课指导无疑是非常珍贵的历练和难忘的经历,应予以珍惜。而我们作为专家去听他们的课,也分享着他们的喜悦,感受着他们的努力和不易。我们经常会为参评教师精彩的课堂发挥情不自禁点赞,也会为一些不如意的课堂惋惜和着急;既为广大教师在教学中甘于奉献、默默付出的精神感动,也为个别教师对教学工作敷衍了事、对三尺讲台缺乏尊重和敬畏而感到生气。

二、不变的初心

想参加评估的教师经常问我:评估需要注意什么?我想应该主要考虑四个方面:首先要明白所讲授课程的目标以及分解到每节课的任务;然后为了达成目标做充分的准备,包括知识储备和方法学习;再次要精神饱满地走进课堂,去实施、落实"设计";最后,每节课后认真反思总结,发现自己满意和不满意的地方,自评教学效果,及时调整,为不断提高课堂质量积累经验。

课程教学评估是衡量和评价教与学效果的手段,各个学校的课程教学评估标准也都一直在修改完善。时代的进步和高等教育的发展对课堂教学提出了更高、更多的要求,内涵也不断丰富。但不管如何修改,主要评价指标都是围绕教学态度、教学内容、教学手段和教学效果展开的。教学态度是保证课程教学质量的前提,没有教书育人的责任担当,就不会有高质量的课程。教学内容永远是王道,没有充实的教学内容,不能传递正确的学科知识,即使短暂收获掌声,那也绝不是一个好课堂。就像一部好剧,好剧本、好故事、好演员精心组合和磨合才能打造和成就经典。教学的主体是学生,教与学的过程要符合基本规律。一门好的课程对于教师而言,要"好教、好教和教好":好教,即改革的方向被教师认可,可以激发教师更多的主动性和积极性;好教,教学过程流畅舒服,教师的教学资源和经验能够从中得到不断积累,有助于促进其自身发展;教好,就是认定的教学目标达成度高。而对于学生而言,则要"好学、好学和学好":好学,即内容或形式吸引学生,学生觉得有趣、有用、喜欢;好学,即学习的方式、教学过程利于学生学习和掌握;学好,即学生可以实现课程学习小目标并为实现人生大目标做积累。

三、永远的关注

多次参加课程教学评估工作,做过学科专家也做过横向专家,我对课程教学评估有了很深的感情。我每学期都关注着这项工作的进展,若有学院的老师参加评估，一定会去听听，仿佛带学生参加一个比赛，提前鼓鼓士气。每学期评估优秀的教师的教学观摩课我也会去听，感受教学高手带来的精彩，学习先进经验，改进自己的课堂，更会利用督导听课的机会传递这些好的经验，让更多的教师受益。学期末，评估结果的公示也一定会浏览，期待有机会从评估优秀的教师课堂上挖掘出"优秀教学案例点"，甚至收获"优秀教学案例"，让更多的教师能够看到并从中受益。而对于评估成绩不那么理想的教师，我也希望能更多地关注并走进他们的课堂，看能不能为其课堂教学质量的提高尽绵薄之力。

有幸与海大课程教学评估工作结缘，亲身感受其在本科教学中的作用，感受其在年轻教师成长中的作用。教学是高等学校的头等任务，教学质量的提高是高等学校永恒的主题。衷心祝愿海大的课程教学评估工作根深叶茂，花满枝头，为"双一流"高校建设继续贡献力量。

评估优秀课程的优秀特质研究

——以中国海洋大学 37 年来的课程教学评估为例

马　勇*

　　课程是大学的基本单元和细胞,大学课程质量的高低基本反映出人才培养的水平,因此,加强优秀课程建设,提高课程质量,就成为大学的基础建设和根本环节。历史地看,课程建设既具有基础性,也具有永恒性,即只要大学存在和发展,就有一个对大学课程质量的永恒追求和不断提高的问题。中国海洋大学 37 年来的课程教学评估就是遵循这一理念不断改革、传承、发展的,它在促进学校课程建设与保障本科教学质量方面发挥了重要作用。37 年来,学校共评选出 290 门次优秀课程,2000 年以来共评选出 210 余门次优秀课程。本文在对评估优秀课程进行系统、整体认识的基础上,分析、概括与提炼出优秀课程的优秀特质,以期对今后的课程教学评估、对学校整体的课程建设发挥参照和引领作用。

一、研究过程

(一)确定研究对象

　　查阅 22 年来中国海洋大学高等教育研究与评估中心保存的各种课程教学评估原始文档,如专家评价表、学生评价表等各种定性与定量评价材料,特别是对 2000 年以来产生的 210 余门次优秀课程进行"优秀特质"的抽取与归类、"优秀因素"的分解与提取,重点对其中的 50 门优秀课程(24 门理工类优秀课程与26 门文科类优秀课程)进行了分析。

---

　*　马勇,教授,中国海洋大学高等教育研究与评估中心副主任。

（二）选定指标体系

（1）教育思想先进，坚持立德树人。

（2）爱岗敬业，治学严谨，执教严明。

（3）为人师表，认真投入，注重教书育人。

（4）教学文件齐备规范，课程设置定位准确，教材先进。

（5）语言表达简洁流畅。

（6）内容充实，概念准确，突出重点，讲清难点。

（7）讲授娴熟，思路清晰，联系实际，举例恰当。

（8）注重更新教学内容，引入学科前沿知识和相关新知识。

（9）采用启发式教学，注重学生创新意识和创新能力的培养。

（10）师生交流好，课堂气氛活跃。

（11）根据课程教学内容合理有效地使用教学手段和方法。

（三）施以文档整理与定量统计

比对以上 11 项指标，对 50 门优秀课程所涉及的 910 份专家量化评价表（课程教学评估中，专家每听课一次填写一张评价表）给以统计与分析。

二、统计与分析

对以上 11 项指标统计结果并对之逐项分析如下。

1. 关于指标 1 的统计与分析

从图 1 可以看出，50 位评估优秀教师在这一指标上的优秀率为 82.8%，良好率为 17.2%，反映出这一群体的教育思想较为先进，关注教学改革并具有教学改革意识，这是他们获得教学成功并取得优秀等级的前提条件和思想基础。

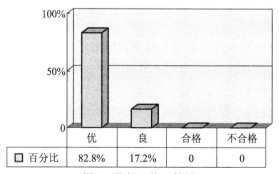

	优	良	合格	不合格
□ 百分比	82.8%	17.2%	0	0

图 1　指标 1 统一结果

2. 关于指标 2 的统计与分析

指标 2 属于教学态度与师德方面的评价指标,这一指标的优秀率达到 95.7%,良好率为 4.3%(图 2),说明课程教学评估获优教师教学态度端正,教学积极投入,热爱教育事业。

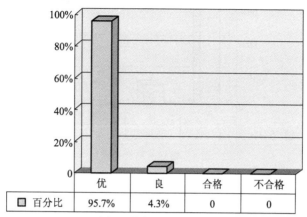

	优	良	合格	不合格
□ 百分比	95.7%	4.3%	0	0

图 2 指标 2 统计结果

3. 关于指标 3 的统计与分析

指标 3 既是衡量教师职业道德的指标,又是反映教学的教育性特点的重要指标,即是否利用课程对学生渗透了思想品德教育因素。在这一点上,优秀率达到 81.7%,良好率达 18.3%(图 3),说明获优教师遵循教学的教育性规律。

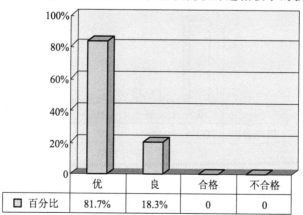

	优	良	合格	不合格
□ 百分比	81.7%	18.3%	0	0

图 3 指标 3 统计结果

4. 关于指标 4 的统计与分析

指标 4 主要反映了教师的教学理念与教学的编排内容、方式。在这一点上,优秀率达 88.2%,而良好率为 11.8%(图 4),说明获优教师普遍具有先进教学理念指导下的有效信息的集成与编排能力。

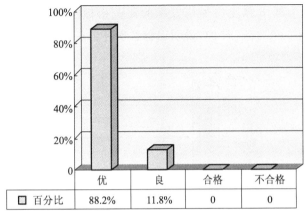

	优	良	合格	不合格
百分比	88.2%	11.8%	0	0

图 4　指标 4 统计结果

5. 关于指标 5 的统计与分析

指标 5 直接反映了教师上课过程中教学信息传导与展现能力的高低，它突出地表现为教师的语言表达与板书（包括 PPT 展示）能力。在这一指标上，由于受种种主客观条件的制约，尽管总体状况较好，但与其他指标相比，优秀率偏低，仅为 73.1%（图 5），说明这既是学校教师的一个弱项，又是今后教师不断改善与提高的着力点。

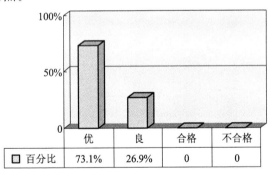

	优	良	合格	不合格
百分比	73.1%	26.9%	0	0

图 5　指标 5 统计结果

6. 关于指标 6 的统计与分析

指标 6 反映了教师在课堂上对教学内容整体推进的能力与水平，基本概念与原理讲解清晰、详略得当是获优教师的突出优点与品质。在这一指标上，优秀率达 84.9%，良好率达 15.1%（图 6），说明这是保证教学成功的最突出的品质之一。

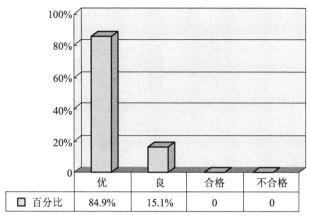

	优	良	合格	不合格
□ 百分比	84.9%	15.1%	0	0

图 6　指标 6 统计结果

7. 关于指标 7 的统计与分析

指标 7 是关于教师教学思维与教学原则贯彻能力的考核指标,教师的思路清楚、思维清晰、理论联系实际的能力强是获优教师的突出特点。优秀率达87.1%,良好率为 12.9%(图 7)。

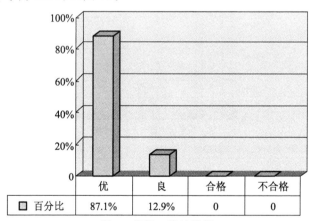

	优	良	合格	不合格
□ 百分比	87.1%	12.9%	0	0

图 7　指标 7 统计结果

8. 关于指标 8 的统计与分析

指标 8 是考核教师是否进行研究性教学的一个重要指标,即教师能否将教学与研究相结合,把科研成果有效地变为教学内容,能否把研究过程变为教学过程。然而,在这一指标上,优秀率降到了 63.4%(图 8),说明即便是获优教师也有很大的欠缺和不足。

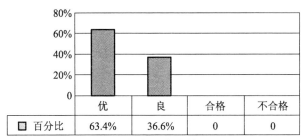

| □ 百分比 | 63.4% | 36.6% | 0 | 0 |

图 8　指标 8 统计结果

9. 关于指标 9 的统计与分析

指标 9 侧重对教学方法选择与运用进行考察,并与学生的创新意识与能力的培养相连。教师在课堂上能否对学生进行启发是衡量该课程是否采用启发式教学的重要标准。在该项指标上,优秀率达 80.6%(图 9),可见实行启发式教学是获优教师的优秀品质。

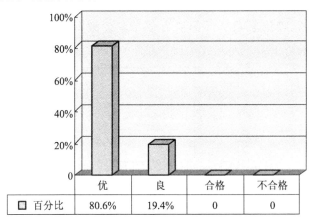

| □ 百分比 | 80.6% | 19.4% | 0 | 0 |

图 9　指标 9 统计结果

10. 关于指标 10 的统计与分析

指标 10 是反映师生互动的整体考察指标。教与学是一体的、统一的,衡量教与学一体性与统一性的主要方面就是师生互动的程度。在这一指标上,优秀率降为 76.1%(图 10),排在 11 项指标中的倒数第三位,由此可见,教学互动性的增强仍需长期努力,因为这涉及教师教学经验的积累、教学规律的把握与遵循以及教学艺术的提高等诸多因素。

11. 关于指标 11 的统计与分析

指标 11 主要是反映教师在课程教学中运用教学手段的考察指标,特别是

对运用现代化教学手段进行系统考察。在这一指标上,优秀率降到了 72.1%
(图 11),说明即便是获优课程也存在 PPT 制作不良、展示效果差、"黑板搬家"
等问题。

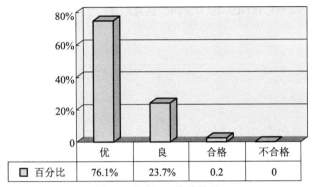

	优	良	合格	不合格
□ 百分比	76.1%	23.7%	0.2	0

图 10　指标 10 统计结果

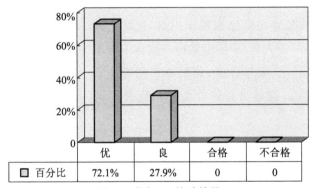

	优	良	合格	不合格
□ 百分比	72.1%	27.9%	0	0

图 11　指标 11 统计结果

三、结论

第一,通过定量研究可以看出,学校课程教学评估获优教师群体的整体教
学素质高,在指标 1、指标 2、指标 3、指标 4、指标 6、指标 7、指标 9 七个指标上
有显著表现。

第二,需要指出的是,即便是获优教师,在指标 5、指标 8、指标 10、指标 11
四项指标上也存在较为明显的不足,这需要在今后的教改中着力提高,并且要
将其作为长期的教改任务。

第三,应把获优教师在课程教学中的不足与欠缺作为学校今后教学改革的
侧重点,以此带动学校教学水平的整体提升。

打造有灵魂和思想的课堂教学

孟祥红 *

最近几年有机会作为评估专家参与学校的课程教学评估工作，在评估过程中时常遇到以下问题。参与课程教学评估的教师对每一堂课都花费很多时间进行课堂设计、制作 PPT、准备和批改作业，课堂上非常负责地唯恐遗漏知识点，但课堂教学效果有时不尽如人意：学生会觉得一堂课下来不知道老师讲了什么、要学什么；评估专家觉得课堂教学缺少点什么，很难将其评价为一门优秀的课程。

那么，作为教师，从教的角度，我们应该如何打造一堂课呢？

科研人员经常做学术报告，进行课题立项答辩、人才项目答辩，在准备上述报告 PPT 时一定会有一个明确的核心主题或目标，有自己的学术思想并提供有效的支撑材料，在规定的时间内富有逻辑和清晰地讲述出来，让评委或听众听得明明白白，并留下深刻的印象。这样的报告是富有灵魂和思想的。虽然目前大家不赞同学术报告式的课堂教学，但不妨碍我们思考一下如何像打造优秀的学术报告一样打造富有灵魂和思想的课堂教学。

那么，课堂教学的灵魂和思想是什么？

我认为，教学目标尤其是核心教学目标是课堂教学的灵魂。教学目标是课堂教学的出发点和归宿，也是保障教学效率的底线，是课程总目标的具体细化，因此每一堂课都要有教学目标。教学目标尤其是核心教学目标是教学设计、实

---

* 孟祥红，中国海洋大学食品科学与工程学院教授。

施与评价的核心,就像一篇文章必须有主题,故事主线或隐含的情感变化都是为文章的主题服务,即所谓的"形散而神不散"。带着什么样的目标走进课堂,就会带给学生什么样的课堂。布鲁姆提出,"有效的学习始于知道达到的目标是什么",在授课时把教学目标告知学生,围绕目标展开教学过程,就可以避免漫无目标的、随心所欲的、收益甚微的教学。

教学目标对课堂教学具有指导作用和意义:指导教师的教学准备,如学情分析、内容分析和取舍;指导课堂教学采取何种教学方式或活动,不同的教学目标应采用针对性的教学活动,不可千篇一律;指导测量与评价,如针对不同目标采取不同的评估方式。总之,教学目标是教和学环节设计、教学信息资源取舍、学生自主学习活动选择、课堂教学活动开展方式、学生学习效果评价等教学活动的灵魂。

教学目标是多维度的,包括知识,能力,情感、态度和价值观,三者是相辅相成的。知识是基础,能力的提高,情感、态度和价值观的形成是在探索知识的过程中得以实现的,所以知识仍然是三维目标体系的核心、载体,后两者着眼于促进学生学会学习和发展人文素养。因为知识可以传授、能力可以培养,但情感、态度和价值观只能在内心的体验和心灵的感悟中形成。课堂教学目标设计应从三个目标着手,具体到某一堂课不必教条地包含三个目标,而应根据课堂内容有所侧重,如专业难度较大的课程可能侧重知识和能力方面,而通识教育类或专业导论类等难度相对较低的课程或教学内容可能就要侧重于情感、态度和价值观目标的培养。

根据近年来课程教学评估中教师提供的课堂教学设计等文字材料发现,部分教师的课堂教学目标意识不强、教学内容和教学方法缺乏针对性、考核环节不明确。①教学目标设计仅体现在知识层面,使用"了解、掌握、理解"描述,只体现了对知识认知层次的要求,缺乏对程序性知识和情感价值层面的要求,因此课程教学局限于知识的传授,缺乏思想性。②备课时对教学目标的确定没有给予足够的重视和关注,在还没有彻底弄清楚"为什么教"或"教什么"之前,即还没有弄明白教学目标之前,就把全部精力放在所谓的内容分析或者活动设计上。③因为缺乏明确的有层次的教学目标,教学内容过度依赖教材内容,不能围绕教学目标对教学内容重新进行组织、筛选、补充,展现不出逻辑性、选择性、思想性的教学过程。④教学目标≠教学目的,犹如科研项目研究目的≠项目研究目标一样,教学目的是比较笼统的、宽泛的,而教学目标的指向性是明确的、可考核的,大多数课程教学中缺少对目标考核的设计和评价。⑤教学目标与教改目标不同,尽管目前强调以学生为中心的教学改革,许多教师积极探索改变教学形式、改革教学方法,但这仅是对教师教学行为的变革,不是教学目标的改革。不少教师在教学过程中把改变教学形式、更新教学手段当作教学追求;只有当教学形式改变和教学手段更新是为了更好地实现教学目标时,这种改变才有意义,反之就会变成"课堂秀",没有意义。

当我们明确地确定了一堂课的教学目标时,就可以针对性地选择目标的评价方法,开展相应的教学设计,不局限于教材去选择补充内容,设计针对性的教学方法,形成自己的课堂教学思想和逻辑,进行翔实的课堂教学设计。课堂教学中应通过知识重构将知识掰开、揉碎再捏合起来,使知识传授、能力和情感培养融会贯通,以打造出有灵魂、有思想的课堂教学。

做 "简单"的课堂

张　玥*■

　　舞台表演是一门艺术,课堂教学也是一门艺术,两者间有相通之处,也有不同的地方。前者重在结果,后者重在过程;前者讲究的是美,后者讲究的是真;前者是"台上一分钟",后者是"台下十年功"。

　　一堂好课就像一件艺术珍品,让人津津乐道,回味无穷。那么,怎样的课才算好课?

　　1. 好课,从感觉上来说,可用"累"与"不累"来区别

　　若听课者始终被精彩的课堂教学活动所吸引,精神专注,积极投入,没有丝毫"累"的感觉,那么,无疑,这是一堂好课。反之,听课者如坐针毡,心烦意乱,时而抬腕看表,时而交头接耳,等待着下课钟声响起,那么,这样的课是不能算入好课之列的。

　　2. 好课,从过程上来说,更像登山

　　登山是体力得到锻炼、眼界得到开阔、心情得到放松、人格得到升华的过程;而上课则是智力得到开发、能力得到培养、情感得到陶冶、人格得到提升的过程。上山是体力锻炼,上课是脑力锻炼,但两者的道理相通,从登山可以得到诸多启迪。登山的乐趣在过程中,上课的乐趣也在过程中。好课特别强调让学生经历由不知到知的过程,经历由不会到会的过程,经历由不能到能的过程,让

*　张玥,中国海洋大学材料科学与工程学院教授,副院长。

学生的思维和情感经历"山重水复""柳暗花明",体验"豁然开朗"的快乐。

近几年,受邀作为学校教学评估专家,从参评教师的课堂教学中学到了很多,也感受到了教师对教学的付出。汲取各家所长,我认为一堂好课的关键是教师做"简单"的设计。

1. 教学目标简明

精心备课,是成功上好一堂课的基础。备课不只要求我们吃透教材,还要备学生,了解学情,了解专业背景,才能做到因材施教。从知识与技能,过程与方法,情感、态度和价值观三个维度确定立体的目标,师生认同,指向明晰。一堂课若能彻底解决一两个切实需要解决的问题,真正给学生留下点东西,那就比浮光掠影、蜻蜓点水、隔靴搔痒的教学要有效得多。

2. 教学内容简约

教学内容简约和教学内容充实、信息量大是不矛盾的,也就是说教师要在教学大纲规定的范围内,尽量多地为学生提供各种观点、实际情况、发展趋势等信息来扩大学生的眼界,这是很重要的。这堂课的重点是什么,师生都应胸中有数,明明白白。课程的难点要突破、疑点要解决、特点要抓准,重点才能突出。因此,选择合适的学习内容,特别是关乎学生终身受用的核心知识,就显得尤为重要。要引导学生关注学科的新发展、新概念、新成果,用有限的学时讲解一些原创性的成果,启发学生多去思考创造者们是怎样在实践基础上实现突破的。课堂教学中也不需要把什么都讲透了,要注意恰当地收放,而这与教学目的、教学要求、教学内容紧密联系,可以适当借题发挥,对学生的成长发展给予引领和指导,也要注意点到即止,给学生留点儿悬念和空间,让他们思考、探索和自由发展。

3. 教学环节简化

教学环节设计符合学生年龄特征及认知规律;教学过程符合学科逻辑,顺理成章,严谨流畅,疏密有致。学习本身是一件简单的、快活的事情,我们没有必要设计那么多环节,没有必要设置那么多问题和陷阱,没有必要搞得那么复杂、那么玄、那么深奥。科学提问,是成功上好一堂课的重要手段。问题本身需要具备思考性,达到训练学生思维的目的。给学生一定的思考时间,引导学生思考,敢于发表独立见解,培养学生的创新思维方式。学生回答问题的时候要做到耐心倾听,及时评价反馈,对于出乎意料的回答要冷静,正确处理,切忌当场予以否定。

4. 教学方法简便

简便的方法、简捷的思路是为学生所喜欢、所乐意接受的。好方法是真正能为人所用的有效的方法。无论采用何种方式、方法,无论采用什么理论模式,最终的检验尺度是学生的学习效果。

5. 教学媒介简单

利用各种媒体,可以扩大教学的信息量,可以提高课堂的教学效率,也可以使教学内容更加形象和生动。这里特别强调的是有效利用,而不是形式上的利用。课堂教学要避免不必要的教学手段和教学技术,避免"浪费与作秀"。根据需要与可能,恰当运用媒体手段,让常规手段与现代媒体各展其长、信息技术与学科课程有机整合,处理好手段与目标、内容与形式的关系。现代教学技术手段使用过度,也会扼杀学生学习过程中独特的体验和丰富的想象力。为追求效率,就各门课程的不同特点而言,教学媒体的选取应是有区别的,不能搞一刀切。多媒体很多,但是不是所有的课程都适合多媒体,这是需要探讨的。

6. 教学用语简要

课堂教学中如能除却一切不必要的繁文缛节,省去不必要的言说,就会如同秋天的天空一样明净,让人有一种心旷神怡的感觉。语言艺术,是成功上好一堂课的关键。教师就如同节目主持人,语言是否具有诱惑力直接决定了是否能够带动观众、掌握全场。教师要用语言吸引学生,要注意语速语调、声音的抑扬顿挫,重点的地方语速要慢、语调要重,声音也不要怪异、忽高忽低,这样学生会摸不着头脑,分不清重点在哪里。除此之外,教学语言还要具有简洁性、条理性、趣味性等。语言能力能否通过训练来提高?答案是,能!反复地练习,缜密地备课,严格地自我要求,自然就会提高。

教学要环环相套,丝丝入扣,行云流水,滴水不漏;反之,课堂上松松垮垮,东拉西扯,哗众取宠,华而不实,是算不上一堂好课的。讲课不是自己要讲多少,而是看学生能听进去多少。简单的课堂,其独特的神韵就在于此!其实,简单是一种教学中的大气度、大智慧!它来源于教师对学生真切的、真诚的、真实的爱;来源于教师深厚的专业修养和娴熟的教学艺术;来源于教师对教学生活的发现和深刻的认识!

做校、院两级课程教学评估的桥梁和纽带

冷绍升 * ■

对学校课程教学评估的深刻感悟是从2019年开始的。那年,经管理学院党政联席会议决定,成立学院课程教学评估组。项目评估专家、学校课程教学评估专家我做过多次,但作为学院教学评估工作的负责人我是首次,感到使命光荣,也感到责任重大。我受聘担任组长,2019—2022年参加了学院层面的评估。期间我一边努力学习,一边积极推进工作。

每一次学院评估工作都是由负责教学工作的副院长姜忠辉教授发起的,他给了我充分的自主权,并在学院组织和管理工作中尽可能地给我提供支持和帮助。这项工作开始不久,作为组长的我就感受到了其特殊性。特殊在所有参评的老师都是和我在一个学院工作的同事,这些老师日常会经常和我接触,交往不可避免,交情自然也就有了一些。而评估的成绩往小里说,会决定老师是否具有参加学校课程教学评估的资格;往大里说,是这些老师叩开职业规划大门的起点。同时,对学校而言,学院层面的评估是保障学校课程教学评估有序进行的基础。因此,不论是对老师,还是对学校来说,这项工作的重要性不言而喻。于是,我深深感受到作为评估组长的责任是沉甸甸的,也感觉压力巨大。

* 冷绍升,中国海洋大学管理学院教授。

管理学院的评估工作一直是参照学校的课程教学评估质量标准和工作模式运行的。期间,我有幸多次受邀担任学校教学评估的横向专家,这让我有了很多机会去了解学校教学评估专家常设委员会和职能部门的工作组织方式,对工作立场和站位、对专家队伍的组织管理等有了更深刻的理解和认识。

工作过程中,除了完成学校布置的评估任务外,我还有意识地去观察、去主动了解和学习,以期找到学校与学院评估的契合点。作为横向专家参与学校评估与以往作为学科组专家参与是不同的,我和学校教学评估专家常设委员会、高教评估中心、教务处的领导们有了许多沟通、交流、共同听课、察课的机会,收获很多。在教学评估过程中,横向专家组各专家之间沟通交流非常频繁,互通情况也很及时;同时,专家组还安排了两次会议,本组所有专家参加,全面交流前期工作情况,确定后续听课重点方向和任务,明确评估等级推荐方案,等等。专家组对本科教育教学工作和人才培养工作满怀敬畏,组织工作客观严谨、井然有序,同时对老师们为教学工作所做的努力也是充分理解体谅、心存善意和包容的。通过这件工作,我不但找到了学校与学院评估工作的契合点,还从这些专家身上收获了久违的对本科教育事业诚挚的热忱,这不是仅仅用认真、负责、专一就能够概括的。可以说,学校层面的教学评估工作为管理学院的评估工作提供了帮助和指导,为学院进一步确定自身评估的侧重点打下了坚实的基础。

我就参与学校本科教学评估的切身体会,与管理学院几位有着丰富经验的教学院长、专家一起开会讨论,明确了管理学院课程教学评估的侧重点、评估规则,从而有效地将学校本科课程教学评估和管理学院的课程教学评估紧密联系起来。

我们按照学校本科课程教学评估工作的导向和要求,依照管理学院工作的特点和实际,有侧重点地展开学院的课程教学评估工作。评估过程中,各位评估专家严格按照既定标准执行,筛选出合格的教师参与学校课程教学评估,对不合格的教师则通过各种办法帮助他们尽快提高教学水平。

经过几年的课程教学评估工作,学院的领导和老师逐渐认识到了教学评估的重要性,也渐渐熟悉了学校和学院的评估规则,教学评估在管理学院的本科教学中越来越发挥着重要作用。学院的每一次评估,评估组都会于评估前召开评估会议,讲授学校的评估质量标准和学院评估的侧重点,每一位参评老师都切身感受到了评估的庄重性,都能积极准备各种材料,认真参与学院评估。评估结束后,专家组再通过专门会议集中对老师教学中出现的各种问题进行点评,不断加深老师对学校和学院评估质量标准的认识。专家组还就评估工作的情况及时跟学院的领导进行交流,形成全院积极参与教学评估的局面。

几年的评估工作中,我们也遇到了各种各样的问题。面对这些问题,学院的党政主要领导、教学院长和评估专家从不回避,积极面对,不断解决各种问题,使管理学院的本科教学活动一直以学校和学院的评估标准为标尺,有力地保障了本科教学活动的有序开展和教育教学质量的稳步提升。

新时代中国海洋大学课程教学评估的功能拓展与形式完善

董　跃[*] ■

中国海洋大学课程教学评估工作已经有近 40 年的历史，形成了非常完备且运行良好的机制。我曾经在 2011 年和 2018 年分别以"国际经济法学"和"国际法学"课程两次参加学校的教学评估，都获得了优秀等级；并从 2016 年开始受邀担任评估专家参与评估工作。一方面，作为教师参加课程教学评估对我教学水平的全面系统提升起到了关键性作用，对于其导向功能可谓感同身受；另一方面，多年评估专家的经历也让我可以用另外一种视角来观察课程教学，不仅反躬、自省、完善个人的课程教学，还提升了我对于教学管理和学科建设工作

的认识。在我看来，学校课程教学评估工作在其核心功能和机制保持稳定的前提下，一直在寻求突破和发展，特别是最近几年有着更为明显的功能拓展趋势，非常有必要对其成功经验进行总结和固化；此外，这项工作在新时代也面临着一系列新任务和新挑战，有必要做出进一步的应变和完善。

一、学校课程教学评估工作的功能拓展

自 2017 年始，学校从"985 工程"建设步入"双一流"建设周期，伴随着青年

＊　董跃，中国海洋大学法学院教授，副院长。

教师队伍的快速扩大以及"双万工程"等对于课程建设工作的重视,课程教学评估的重要性日益凸显,运行体量也在快速上升。在这样的大背景之下,学校的课程教学评估求新求变,在评价机制等方面进行了一系列调整。

（一）全面推动了课程教学的标准化建设

在很长一段时间内,参加教学评估的青年教师的教学材料,还有一些教法的准备是各不相同的,特别是从形式的标准化、严谨化以及投入度来讲,参差不齐。历届教学评估中获得优秀等级教师的一些具有普适性的优秀教法以及教学文件等,并没有得到很好的普及与推广。但是近年来,伴随着课程教学评估的导向性的提升,信息沟通渠道的不断丰富、拓展与加强,学校对于课程教学评估优秀教师的大力推介,参评教师对于评估工作流程、评估指标体系的理解日益全面和深入等,越来越多的参评教师开始主动参照之前的优秀课程的教法和教学文件来进行准备,并且逐渐形成了课程教学材料及教法方面的"网络化效应"。

因此,课程教学评估在一定程度、一定范围内为参评课程（基本覆盖了学校青年教师主讲的所有代表性课程）确立了标准,一方面并没有因此限制各个课程自身特色的发展,另一方面通过标准化实现了对于多数课程的"品控"效应,大大提升了参评课程的整体质量。

（二）为教学管理和教师教学水平提升确立了有效的筛选机制和激励机制

课程教学评估一直有一个非常有效的激励导向,就是和职称评聘联动。在学校职称评聘制度改革后,"教学专长型"的副教授和教授的评选条件中第一条就是课程教学评估及其他体现教学特长的条件。现实中,青年教师在选择"科研型"还是"教学型"的晋升路径时,往往首先要考虑自己是否能够在课程教学评估中取得佳绩。因此,课程教学评估实际上也是青年教师的"自评",即评价自己是否可以走"教学型"道路,这为有志于课程教学的青年教师提供了有效的激励机制,使其教学上的天赋与投入得以彰显并获得较高的回报。

此外,从校、院教学管理者的角度来看,无论是"金课建设"等各类示范课程建设,还是教学项目研究、教学竞赛、教学成果凝练等,课程教学评估的成果可以快速为其提供最具竞争力的人选以及第一手数据,降低了管理成本。

（三）为课程教学的多元发展提供融合机制

对课程如何评价一直是高校教学发展的重点也是难点问题，特别是步入互联网信息化时代，社会、学生、青年教师自身的诉求对于课程评价导向的影响日益加强。对于"双一流"大学的一门课程，国家、学校、教师希望可以在培养高水平人才上有所贡献、有理论高度、成为"金课"；而学生则通常表现"复杂"，一方面希望课程能够多一些"干货"，另一方面迫于"内卷"的压力，又希望授课老师少布置任务，"多给些分数"，因此学生的评价导向更趋于多元。学校的课程教学评估工作为以上多种价值取向提供了一个非常好的契合机制，既尽可能地考虑了各方面的积极因素，又采取适宜的评价方法摒弃了其中的"杂音"，在多要素融合的基础上进行了科学、有效整合。经过多年验证，最后评价的结果是服众的，并助力提升教师队伍整体教学质量、满足学生发展需求。

二、新时代学校课程教学评估机制面临的任务和挑战

学校第十一次党代会报告再次强调了"高质量发展加速期、深化改革突破期、推进建设攻坚期和矛盾风险易发期"的阶段性特征，同理学校的课程教学评估工作也处于同样的阶段，面临一些突出的问题，需要承担新的任务。

1. 如何更好地服务学校大局

课程教学评估工作切口虽小，却与全员育人工作的诸多环节及目标有着密切的联系。学校第十一次党代会报告指出，"一流人才培养能力需进一步提高""学科专业发展不平衡不充分的问题需进一步解决"，同时也提出了"高质量教学体系的进一步完善""拔尖创新人才培养能力提升""创建人才培养的海大模式"等目标。在解决前述问题以及实现前述目标的过程之中，课程教学评估体系都是不可缺位的。在新时代"海大工程"中，课程教学评估工作不仅要有一席之地，更要发挥突出的作用，从功能和机制上不断自我更新和完善。

2. 如何应对"过关主义"

学校课程教学评估结果是和职称职级评定挂钩的，这也使得很多参评老师抱有一种"过关主义"的心理，即抱着参加评估"冲优太难、合格误事、良好即可"的心态，没有把参与评估摆在提升自身教学能力的位置上，更多的是将评估定位于一种考核。由于多数参评者是青年教师，在科研考核压力日益加剧的当

下，"过关主义"的心态比较常见。由此还衍生出机会主义倾向，即在教学经验、教学积累和教学能力尚不足、不具备参加教学评估的成熟条件下，希望可以利用一些制度运行中难免出现的"规避空间"来"通关"。例如，多年前个别老师会把自己的被评课程刻意安排在周末的晚上开课，导致很多评估专家到课堂听课的时间成本大幅上升，从而减少被现场听课的频次，进而增加专家对自己评价的模糊性。现在这类问题已经逐渐伴随制度的完善而得到有效规制，但新的问题仍在出现，需要及时应对、调整和完善。

3. 如何适应参评课程类型及特点的变化

早期的参评课程，多数是专业基础课，且以讲授为主，虽然课程之间存在差异，但是评价标准较为容易、统一。但是经过多年的"985 工程"以及"双一流"建设，学校专业门类日益齐全且多数专业在国内具有较高竞争力，课程体系日渐丰富多元，这也对课程教学评估提出了全新的挑战。比较典型的问题，如对于专业基础课来说，理论深度方面的要求越来越高；以往全外文授课多集中于语言类课程，但现在越来越多的非语言类专业课也开始尝试双语甚至全外语授课，这样就可能出现专家无法听懂课程内容的情况，而只能从教学方式、课堂氛围、学生学习状况方面来进行评价。

三、新时代学校课程教学评估的完善路径

近 40 年的实践和成果证明，学校实施的课程教学评估制度是卓有成效、业绩显著的，课程教学评估工作的功能拓展与学校课程教学质量，特别是青年教师队伍的教学能力和水平呈现明显的正相关关系。因此，为了有效地完成新时代"海大工程"中课程教学评估工作需要承担的重大使命，有必要进一步完善相关机制。

1. 进一步强化院级评估机制建设

首先，应当进一步完善和加强学院层面的教学评估机制。学校评估机制是分校、院两级的，学院层面的评估实际上非常重要，可以有效地解决本文前述课程理论深度方面的专业评价问题、对于一些意图"冲关"的青年教师的初评筛选问题等。但是由于投入有限等诸多原因，部分学院的教学评估形同虚设，并没有发挥有效作用。为解决这一问题，可以考虑增加对学院评估的经费投入以及将参评教师成绩与学院参评指标挂钩等方法来解决。其次，应当进一步完善教

学评估成绩在职称评聘等激励机制中的影响范围。包括学院当年度参评课程教学评估等级可以作为年底学院业绩津贴的一个计算因子,而在所有类别的职称评聘中都应当将教学评估优秀作为一个有效的评价因子等,从而使青年教师更加重视课程教学在个人职业发展中的影响力。

2. 加大评估工作信息化、智能化建设

人工智能化、信息化已经成为现代教学改革的核心范式,学校的课程教学评估工作也应着手信息化工作的推进。除了现有的示范观摩课、交流研讨会等形式外,可以考虑建立课程教学评估信息化平台,一方面,实现教学评估的全部电子数据化,包括教师的教学文件、专家的听课记录和平时打分等全部数据化;另一方面,建立教师基于教学评估的跟踪档案,包括校、院两级评估记录,评估"回头看"记录以及多次参与评估的记录等。这既便于学校教学管理部门、教学评估管理部门、评估专家及教师本人掌握教师在课程教学方面的成长轨迹,也有助于更好地实现教学评估筛选和激励的功能。以上也要求学校在立项、投入等方面考虑对课程教学评估机制的支持。

3. 丰富评价标准体系和形式

一方面,在基本导向上,要考虑与学校第十一次党代会所确立的奋斗目标联系起来,通过完善评价指标,加强对于青年教师投入一流课程建设、培养创新人才等事业的指引作用;另一方面,要增加一些特殊的评价指标,例如,对特殊语种授课课程增加外语融合度、学生接受度等特别评价标准,对一些理论性较强的课程增加激励性指标等。

应努力激发青年教师的职业荣誉感

姜忠辉*　■

2008 年,我有幸受邀作为评估专家参加学校本科课程教学评估工作,至今已经 15 年了。我把这 15 年的评估工作分为两个阶段:2015 年以前是第一阶段,主要是凭借自己对专业课程教学的理解和经验感悟进行教学评估。在评估过程中,我与青年教师交流的内容多来自自己朴素的教学经验和体会。从 2015 年到现在是第二阶段。2015 年暑期,我刚接手管理学院教学副院长的工作,就参加了学校组织的赴美国加利福尼亚大学洛杉矶分校教师教学发展工作坊。在短短的 14 天里,我们系统学习了世界一流大学先进的教学理念和方法,对大学本科教育有了更深刻的理解。这为我打开了一扇窗,激发了我学习先进大学教育理念和方法的兴趣与热情,也使我在受邀作为评估专家参加学校教学评估工作时,由于有了先进的理念和理论做基础,在与青年教师交流过程中,就更有底气了。

这些年我有很多体会。中国海洋大学是国内最早开展本科课程教学评估工作的重点大学,我身处其中,受益很多,既促使我学习了更多先进的教学理念,也对学校的评估文化有了比较深刻的理解,更推动我在管理学院开展院级本科课程教学评估。

教学评估的主要目的是以评促改,发现参评教师在教学方面存在的问题,

---

* 姜忠辉,中国海洋大学管理学院教授,副院长。

然后纠偏促进其改变。根据多年的评估经验,我认为,发现青年教师课程教学中存在的问题不难,难的是如何促改。这要从其问题产生的根源上找办法。在参加评估过程中,我发现主要有以下四个方面的原因。

一、大学原生教育的影响

参加学校教学评估的青年教师,大多博士毕业,基本上会经历10年左右的大学教育,但一般没有经历过正规的师范教育。他们对大学课程教学的理解往往来自大学时的老师的影响。这种影响既有老师治学严谨、爱生如子等优良传统的积极影响,也有传统教育理念、教学模式的消极影响。

二、缺乏对教育教学规律的学习研究

青年教师的大学教育是系统深入的专业学习。他们成为大学教师以后,把所在学科专业的学术研究作为主业,缺乏对教育教学规律的学习研究。这固然有绩效考核机制方面的客观原因,但也有一个重要原因,即没有把教育看作一门科学。绝大多数老师想教好课,但教不得法。教育既是科学也是艺术,但首先是科学。在加利福尼亚大学洛杉矶分校学习期间,我学习了"以学生为中心的教学方式的组织""布鲁姆教育目标分类法""OBE理念下的逆向教学设计法"等教育理念与方法,深受教益,同时也使我深刻认识到大学老师要想真正教好学,科学的教育教学理念和方法的学习必不可少。

三、自身经验不足

青年教师即使接受了很好的大学原生教育,也愿意下功夫对教育教学规律进行学习研究,但很多时候仍然受制于经验不足,尤其是在课堂教学方面,如对课堂秩序的调控、对学生学习兴趣的激发。王尔德曾说:"真正值得学的东西都教不会。"现实中,老教师与青年教师调动学生学习兴趣和组织学生有序活动等的教学经验完全不同。那些实践后再重新领悟的想法和触动,往往是最深刻的。

四、教师职业荣誉感缺失

"学高为师,身正为范",这是社会对教师职业的殷切期望和深深嘱托。具有强烈职业荣誉感的教师,不仅有甘为人梯的道德取向,还能发挥不畏艰难、顽强拼搏的进取精神。当前,由于种种主客观因素的影响,教师的职业荣誉感在经济社会转型中面临种种挑战,个别青年教师受功利思想和个人主义的影响,缺乏社会责任感和职业操守,职业情感的崇高性被世俗追求所取代。当他们不为自己所从事的职业感到光荣和自豪,而只把其看作养家糊口的手段时,难免会在教学投入上大打折扣。

在评估过程中,对职业荣誉感较强的青年教师,我与其交流的多是教学理念和方法。我首先会对其在教学过程中的可取之处给予肯定,然后指出本次课形式、内容方面可以改进的地方。当我把所学到的一些先进教学理念和方法介绍给他们时,会看到他们眼中兴奋的光。我知道不用对他们讲太多,一旦他们知道教学是有法可循的,职业荣誉感会驱使他们主动去学习先进的教育理念和方法,并积极去尝试应用到教学中。

面对职业荣誉感不强的青年教师却比较棘手。缺乏职业荣誉感,不愿意下功夫钻研教学,经验也就无从积累。当对他们提出改进教学的建议时,他们会心不在焉地听,也不会有所行动。对于这种情况,我一般会从自身经历谈起。当年我硕士毕业来到海大时,并不是出于对教育工作的热爱而选择这个职业,因为自己内向的性格,很打怵在大庭广众之下说话,所以我并不认为自己会胜任这份工作。当我第一次走上讲台,由于备课充分,尽管最初 20 分钟磕磕绊绊,但逐渐进入状态,竟然能比较顺利地讲下来时,我确认自己能成为一名合格的老师。我会与他们分享,当用心讲好一堂课时,那种自内而外的身心愉悦感,是这个职业恩赐予我的。我会与他们分享,这个职业会让他们与正处于人生黄金岁月的学生相遇,自己课堂上的某句话可能会引导某个学生走出迷茫。我会与他们分享汪人俊、肖鹏、张永玲等德高望重的先生们对我职业生涯的影响,当我想起先生们对教育的热爱时,职业的荣誉感就会油然而生。我不奢望与他们的短暂交流能够激发他们的教师职业荣誉感,我只希望能对他们有所触动。

实际上,我认为学校和学院在强化教师职业荣誉感方面还可以更有作为。建议学校和学院在建立健全教师职业荣誉体系上多下些功夫,至少可以定期举办一些仪式感强的活动。比如,学校目前有对从教 30 年教师的表彰活动,可以考虑在学院层面增设从教 20 年的表彰活动,在系层面增设从教 10 年的表彰活动,扩大覆盖面和影响面;学校和学院应设立荣誉墙,在一定时期内将获得荣誉的教师大幅照片或画像进行悬挂,宣传其事迹;应建立教师荣休制度,改变现在教师退休"静悄悄"的现象,通过座谈会、育人经验交流会、报告会、纪念册等形式纪念教师退休,让当事者暖心,给后来者鼓舞,等等。

　　总之,荣誉感作为教师这种职业的魅力资本,是每位教师不能缺乏的。在教师职业荣誉感弱化甚至"光环"淡去的今天,强化青年教师的职业荣誉感势在必行。

评估感念

张前前 *

一、我的参评记忆

2000 年秋季学期我参加了学校的课程教学评估工作，讲授的课程是"无机化学 I"，最终教学评估获得优秀等级。转眼20 多年过去了，有些场景仍记忆犹新，历历在目。

印象之一是参加课程教学评估的过程自然而美好。1999 年 8 月，我从澳大利亚访学一年归来，即被学院通知接替退休的宋其亮老师讲授化学系本科生第一门专业基础课"无机化学 I"，有学生 100 余人，安排在鱼山校区新教学楼 101 阶梯教室上课。

记得评估工作启动后，在第二次上课时，便有数位专家集体到教室里听课。当时，我还是在黑板上用粉笔板书、画图，一节课讲完，写满了四面黑板。记得还有一次，第一节课没有评估专家来听课，于是趁课间休息我去接了一杯热水，返回教室时，发现学生齐刷刷、正襟危坐并眼含笑意地看着我。学生的表情给了我提示，于是我巡视了全场，在学生中间发现了一位素未谋面的长者不声不响地坐在后排的座位上，令我印象极深。课后，专家与我简短交流后就离开了，

---

* 张前前，中国海洋大学化学化工学院教授。

我一直不知他的姓名。多年以后，一次偶尔翻阅校内文集，看到他的照片，才知他是李学伦老师。如今，那个课间与学生心领神会的交流，也依然印刻在脑海里，每每想起都让我脸泛笑意，心瞬间就温暖起来。此后整个学期，几乎每节课都有专家来听课，以至于到了期末最后一两周教室里没有听课专家的身影，我和学生竟然还有点儿失落！

评估专家听课是极其认真的。他们会提前到教室，有的主动走到讲台前与我握手打招呼，有的点头示意，有的则径直安静落座。课后他们会针对课堂教学情况给予我中肯的改进意见和建议。我记得当时化学系的王薇、郁伟军、李静、张龙军、谢式南等多位专家都曾听过我的课，并给予我指点和帮助。这些前辈评估专家的言行，对我后来从事教学评估以及督导工作起到了潜移默化的作用。

教学评估的环节虽然简单但也严谨。专家除了正常听课评课外，学期中间教师还要将教案递交到评估办公室供专家审阅。记得当时我还去参加过一次评估专家与参评教师的座谈会，聆听了数位专家和以往教学优秀的教师的经验，有很多收获。评估过程中，我们要做的就是吸收好专家的意见和建议，努力改进，努力上好课。而在学期教学评估结束后，我们每位参评教师还会收到专家组集体给予的切实中肯的评语，其中也包含了对课程教学改进的意见和建议，我们都倍加珍惜。

印象之二是 2000 年秋季学期我逐渐从板书教学过渡到计算机辅助教学。1999 年给学生上课时，我使用的还是挂图、结构模型以及胶片投影仪；而在2000 年秋季学期，学校开始在一部分教室配备计算机。我在开学之初使用板书，学期中逐渐过渡到板书与 PPT 结合，后来主要采用 PPT 讲课。当初，教案都是自己一字一句录入，化学分子式有上、下标，化学方程式需中英文切换，输入格外费时。我还使用计算机软件自带的模板制作 PPT，每一章换一个模板，力图激发学生的学习兴趣，实际效果很不错！作为学校最早使用计算机进行课堂教学的教师之一，我见证了学校教学设备的升级换代，也感受了现代信息技术手段给课堂教学带来的冲击和变化。2000 年之后，我只在每学期最后一次复习课上用板书，重温一支粉笔写春秋的过往。

有一次，我在班车点等车，与不相识的同事聊天。听了我的名字，他说："你讲课很好！"教师的最大荣誉，莫过于此。

二、与参评青年教师说几句话

最近六年我承担了学校的本科教学督导工作,也时常受邀参加教学评估工作,听课逾 300 门次,有缘鉴赏了学校不同院系、不同专业教师传道授业的风采,也感受到了教学工作中的常态及变化。对于教学评估,有的青年教师在承担繁重科研项目的情况下,显得投入不足。学校将教学评估纳入职称晋升必要条件的规定表明了其重视、提高教师课堂教学能力和水平的决心,关于教学评估工作的组织管理特别是过程中所体现的追求也表明了其关心教师、帮助教师的良苦用心和热切期盼,而一些教师参评心态不够端正、消极应对实不应该。这里,想对参评的青年教师说几句话。

1. 用心迎接评估,以评促教

评估专家听课后,大多会在第一时间与参评教师交流,通常知无不言言无不尽,评估过程可以看成多位同仁帮助参评教师改进教学的过程。对于每一位参评教师来说,这是一个宝贵且难得的受关注的时期。很多参评教师在接受课程教学评估时倍加努力,用了很多时间修改、完善教案,认真备课,思考改进教学过程设计等,评估结束后直言其教学水平有了极大的提升。当然,师傅领进门,修行在个人,外因只有通过内因才起作用,因此,希望参评教师能够端正态度,认真迎评,相信一定会有收获、回报。

2. 虚心倾听建议,思考取舍

鉴于课间交流时间有限,评估专家往往是针对其听课中发现的问题提出建议。一部分教师的第一反应就是解释,另一部分则会心悦诚服地做记录。诚然,随机听一节课,很难全面了解参评教师的授课安排,可能指出的问题并不是问题;而且有时候,不同专家反馈的意见相左,令参评教师疑惑,不知如何处理。建议参评教师先倾听、记录,然后针对专家的意见建议进行分析思考,不纠结,不盲从,辩证性地吸收。

3. 留心学习教学方法,灵活运用

海大的教师大多没有师范院校学习的经历,尽管有上岗前的教学方法速成培训,能否灵活运用还得在教学实践中摸索和体会。比如,最近几年流行的教学套路是"复习—讲新课—总结"。一次听一位青年教师的课,复习内容与新学内容无关,这就是生搬硬套,远不及"开门见山"有效。另外,每节课都总结也显得过于程式化,有形式大于内容之嫌。

4. 精心组织内容,把控时间

对于新教师而言,内容组织和时间把控是难点。有时讲不完,授课教师就没有时间进行单元知识、前后内容、学习任务的串讲、衔接、布置;有时讲完了计划的内容却还剩下一二十分钟,于是就让学生看书,这样就浪费了课堂上宝贵的教学时间。像化学等理工科基础课的学时都很有限,课堂上留这么多白显然不合适。当然,有的教师考虑到有专家听课,课堂必须饱满,于是就继续开讲下一章,讲到哪儿是哪儿。这种情况并不少见。台上一分钟,台下十年功,只有下功夫,才会见效果。口才好的人未必能讲好一门本科生的课,关键在于讲课者不仅要熟悉教学内容、教学方法,还要依据教学大纲的规定、教学日历的安排展开,围绕一节课的主题组织授课内容,不能随意变更,否则就乱了计划,少了张弛节奏。这里向新教师分享一个经验:将测试或习题放在最后讲,有利于弹性控制时间。

以欢喜之心慢度日常

黎　明[*]　■

本文题目是季羡林先生的一本散文集的书名，引以为题，谈一下我对学校课程教学评估工作的感想。

中国海洋大学即将于 2024 年迎来百年校庆，其在百年发展历程中，有一项制度已经持续了 37 年，且还在继续，这就是自 1986 年开始的课程教学评估制度。

当开始动笔写这篇文章的时候，首先浮现在我脑海里的是 2007 年张永玲老师坐在阶梯教室里听课的情景。张老师至少听过我三次课，每次我都看到她认真地做笔记。我一次授课是两节，她还会特意挑一次第二节的课程，以便课后有充分的时间和我交流。张老师的询问不局限于课堂，她了解过我的教育经历和学术背景，试图挖掘我教学设计的思考过程。她询问过我很多教学细节，从教材的选择到图中坐标轴标注的规范。她的批评明确但不刺耳，在语重心长的交流中，让我意识到问题。其他如侯永海老师、李欣老师等督导专家也都给了我很多中肯、细致的指导。督导专家真正做到了大处着眼、小处着手，使我受益匪浅。我也逐渐从紧张、不知所措到变为期待并愿意与前辈们多聊一会儿。而在交流过程中我能真切地感受到，督导专家是带着对海大、对教学、对老师们的热爱来进行督导的，内心是欢喜的。

2016 年，我分管工程学院的本科教学工作，也受邀担任学校课程教学评估

＊　黎明，中国海洋大学工程学院教授，副院长。

专家参与这项工作。我当年参加评估时并没有获得优秀等级，而现在却要以评估专家的身份来评估其他教师，说心里话，我是有些忐忑的。角色的变化以及工作的要求，都让我必须加强学习，努力去做一名合格的课程教学评估专家，而这绝非易事。我抱定了学习的态度，在观察学习前辈们的工作方法、艺术的基础上，也认真学习了一些关于课程设计、教学方法、评估策略的资料，算是丰富了自己的知识体系。每次参加学校组织的评估专家会议，我都能从与会专家的发言中收获良多。更重要的是，我也在听课、评课过程中从参评教师身上学习了很多，他们在教学资料准备、教学组织方面对我也有很大的启发。在评估过程中，我对雨课堂等教学软件在课堂上的应用效果有了新的认识，了解了BOPPPS教学模式，结识了一批优秀的教师。我认为他们的教学热情和投入，来源于对教学、对学生的欢喜之心。而我自己也逐渐从急于"挑毛病"中慢了下来，开始发掘和欣赏老师们的进步，品味老师们课程设计的精妙之处，从中寻找欢喜。

近几年，学院参加课程教学评估的老师较多，我也受邀多次作为横向专家参与学校教学评估工作。这让我更多地了解了其他学院参评教师的教学情况，有了横向的参照和比较，对本院教师的整体教学能力和水平能有更好的判断，也能得到更为客观的评价和结论；同时，也更好地了解了学校职能部门对于此项工作的顶层设计，明确了课程教学评估工作的目标、策略、导向，这对于我做好学院相应的工作有很大裨益。

我所在的工程学院在本科教学方面有着良好的传统，领导重视，教师用心。工程学院教师在课程教学评估中的总体表现是令人满意的。同时，学院在副高职称评定中，合理利用评估结果，对获得教学评估优秀等级的教师给予了适当的政策倾斜。学院领导敢于运用课程教学评估作为导向，是基于对学校课程教学评估的公正性与权威性的信任和尊重。这一措施为教学业绩突出的教师提供了晋级渠道，也在一定程度上激励了学院教师认真投入教学。近几年，学院出现了一批科研和教学都非常优秀的青年教师，他们对教学和科研工作非常重视，在课程教学评估中取得了不错的成绩。他们能积极主动地尝试科教融合、产教融合、创教融合，在课堂教学中融入科技前沿和研究心得，这对实现本科教育教学的高质量发展意义重大。我想这也是一流大学应该有的样子，是值得欢喜的事情。

经过 30 余年的持续改进,学校的课程教学评估制度也日趋完善,成绩斐然。但学校当前面临着多校区办学和参评教师数量激增等问题,给这项本应从容的工作带来了些许匆忙。在教育数字化赋能教育现代化的新时代,如何科学地评价课程将是一项越来越富有挑战性的工作。人工智能的发展,从多个方面冲击着传统课堂的教学内容和教学方式,未来也一定会影响课程教学评估工作。在应对这些挑战的过程中,一定会发生一些令人不那么欢喜的事情,此时我们更需要沉静下来,积极作为,让这件事情真正令人欢喜起来。

于志刚校长曾用"文化的力量"来阐述本科教学督导工作建制持续运行的秘诀,文化内涵丰富,融入日常的教学质量文化是其中非常重要的原因。教学是个慢功夫,课程教学评估真实效果的体现也是个慢过程。我们作为评估专家的职责是要在当下这个略显匆促的工作过程中,洞察趋势,控制节奏,以稳定的评估制度、稳慎的评估过程,不断巩固正确的工作导向,有效促进教学质量稳步提升。时代不断变化,精神终将传承,以欢喜之心,慢度日常,至于效果则需要时间去检验。

心之所往即为道之所向

王　刚*　■

我自 2005 年入职中国海洋大学以来,一晃已经站在海大的讲台上 18 年了。18 年倏忽而过,当年而立之年的青年已经华发早生,我也从一名参评教师成长为评估专家。青年教师在参评过程中的紧张、辛苦以及用心、费心,还有成长、成熟,不禁让我回忆起当年自己参评的情景,产生强烈的共鸣。

我是 2012 年春季参加课程教学评估的。当时参评的课程"行政管理学"是一门行政管理专业的基础课,是四个学分的"大课",内容庞杂,知识繁多。尽管自 2005 年就开始执教这门课程,到参加评估已经讲授了七个年头,但参评时依然感觉自己需要重塑整个知识体系和传授脉络。教学评估过程中,我深切感受到评估专家对教学的专业和执着、对课堂的热爱和执念,这也使我对教学的价值和地位有了全新的认识。众多评估专家针对课程教学提出的非常细致、中肯的改进意见和建议促使我精益求精。我记得参加课程教学评估的当年,在经过评估专家的"点拨"后,我明确了自己的完善路径和改进内容,经常在上课的前一天自我推演上课的过程:如何把握节奏、如何引人入胜、如何突出重点、如何掌控时间⋯⋯记得有一次入睡前我躺在被窝里推演第二天上课的过程,感觉有个地方还存在不足需要改进,尽管当时已经近半夜 12 点,我还是从被窝里爬了起

* 王刚,中国海洋大学国际事务与公共管理学院教授,副院长。

来,重新打开电脑,对第二天上课用的 PPT 做了进一步修改和完善。

教学评估的过程,既是一次提高教学水平的过程,也是一次重塑教学理念的过程、一次对教学重新定位的过程。当年在课程教学评估中有幸被评为优秀等级,时隔多年,教学评估塑造的细致、不断完善的精神一直在影响着我。我在后续的教学中也一直坚持每年完善教学内容,更新教学资料。

2019 年,我有幸受聘成为学校课程教学评估专家,有机会更为深入地接触全校不同学院、专业的教师。在评估各位青年教师教学的过程中,课下交流期间,我将自己当年参加教学评估的心得体会与参评的青年教师分享;我也从他们身上学习到了很多优秀的教学方法和内容。作为专家进行教学评估的过程,也是见证海大青年教师不断成长和成熟的过程,是见证海大教学水平不断提升和升级的过程。我认为,教学评估是保障海大本科教学水平不断提升的最为重要的一环,是帮助教师特别是青年教师重视教学、热爱教学、改进教学的重要平台。如果说今天要总结几点教学中最为重要的坚守和精神,我认为可以概括为以下四点。

一、富有激情的课堂投入

富有激情的课堂投入,展现的是教师对课堂的热爱,教师身心愉悦,享受教学。到底是在享受中度过课堂的 100 分钟还是在煎熬中度过 100 分钟,两者所体现的教师职业成就感有天壤之别,其教学效果、课堂氛围也判若云泥。富有激情的课堂投入,可以创造引人入胜、吸引学生和感染学生的课堂;富有激情的课堂投入,是教师将课堂作为展示自我价值、传递创新思想的舞台,三尺讲台挥斥方遒,一方教室纵横古今。

二、教研相济的教学设计

教学不同于科研,但是又与科研密不可分:它既不能完全照搬科研的模式和思路,又离不开科研的支持和深化。好的教学,一定会积极吸纳最前沿的研究成果,及时与学生分享,并启发学生进一步深入思考。换言之,好的大学课堂教学,一定是传授与时俱进的知识,关注学术前沿的动态。好的教学,也一定致力于塑造学生严于论证、谨慎结论的科学精神。从另一个方面而言,好的科研也需要积极融入课堂教学,及时将研究成果传达给学生,才能更好地体现其应有的学术价值。尤其是对人文社会科学而言，其科学研究最重要的学术价值之一就是启智增慧，提升人本身的素质，而课堂教学是实现这一价值最好的途径。套用一句广为流传的话语"研而不教则空，教而不研则浅"可以很好地概括教研相济的重要性。

三、透彻人心的思想碰撞

今天的时代，是一个信息大爆炸的时代，是一个知识更新日新月异的时代。如果教师仅仅停留在知识的传授上，就难以与这个时代的节奏相契合。尤其对于人文社会科学而言，在传统时代，知识渊博是一个教师（学者）安身立命的根本，但今天快捷的信息和知识搜集途径使得学生可以快速获取知识，因此，教师不能仅仅局限于知识的传授，而是要在师生共同参与的教与学的过程中启迪学生的思维，并引发其深层思考。启发学生学会思考，擅长思考、乐于思考、才是课堂教学的灵魂所在。

四、持之以恒的教学改进

没有灵光展现就能实现的完美的课堂教学，也没有朝夕之间就能企及的精湛的教学技能，好的教学一定是在日复一日、年复一年的耐心打磨和坚持下才渐行渐近的。因此，持之以恒的教学改进，是一个大学教师基本的素养。在持续的教学改进中，更新内容，凝练思想，改进方法，深化认知，最终实现教师自我与教学课堂的双向升华。反躬自省方能提升品行，传经送道有赖言传身教。教师自身水平的不断提高，课堂教学技能的不断娴熟，最终将使莘莘学子受益。

行文至此，我感觉自己已经表达出了想要呈现的核心思想。如果说最后还要概括升华一下的话，那就是教师对教学本身的热爱、奉献、享受，是成就好的大学教学最重要的品质。心之所往即为道之所向，心中有光一定胸中有火。最后用一副楹联结束本文：

流水静深，潜移默化志造经纶之才；

言传身教，教研相济以育国家未来。

教学评估与教、评、学

李春霞*

我于 2018 年 11 月开始负责学院的本科教育教学管理工作,2019 年春季学期受邀参与学校的课程教学评估工作。担任评估专家的这几年,对我本人的教学能力和教育教学管理水平有很大的促进和提升作用,我想从教、评、学三个方面谈谈自己参与教学评估的感受与收获。

一、对教的认识不断深化

高校教师的首要任务是教书育人。作为一名教师,2002 年我开始走上讲台给本科生上课,那时候如何教是我首要考虑的问题。一方面是向学院经验丰富的老教师学习,另一方面是个人摸索,琢磨如何教才能把专业知识传授给学生,不断积累教学经验、提升教学能力。后来自己讲授的课程也参与了学校的教学评估,但感觉那时候更多的是对教师单方面教学能力的评价,教师和教是中心。但从 2019 年开始作为评估专家参与课程教学评估后,我对教有了更深刻的认识,明显感受到这时候的教不再是单纯的专业知识传授,而需要通过合理的教学设计和教学方法,安排教学内容,培养学生运用知识解决实际问题的能力,实现教师的教与学生的学的双向增长,在教和学的有效碰撞中打造有灵魂和思想的课堂教学,实现育人与专业教育的统一。

---

* 李春霞,中国海洋大学医药学院教授,副院长。

二、坚持以评促教

课程教学评估专家的第一要务是评,即按照课程教学评估工作的要求对参评教师给出评估意见和评估等级。但实际上,学校评估工作的宗旨是以评促改,更为强调教师在评估过程中的改进提升。评估专家也是通过课程教学评估对参评教师的教学进行督促和指导,帮其提升课程教学的质量和水平。评估专家走进课堂,一般会带着一种找问题的心态进行听课,因此在听课的时候,会比学生更认真,不仅要评价老师教的如何,还要仔细地观察和感受学生学得如何……在这个过程中,评估专家会发现参评教师在课堂教学中的亮点和问题,并通过与其的课下交流,进行教学理念和教学方法的分享与碰撞,督促教师打造高质量的课堂教学。在这几年参与教学评估过程中,我发现大部分参评教师能全身心地投入课堂教学,但学生的参与度不够。希望学生能够被教师"带入"课堂中,能够全身心地投入课堂学习,获得知识,激发想象力和创造力。当然,学生能否爱上课堂、爱上学习,能否参与教学,还有赖于教师的工作。只有教师全身心投入,想方设法去改进和完善自己的教学工作,才能充分调动起学生的积极性和创造性,从而使师生共同创造有意义的学习经历。

三、在参与评估工作中不断学习

这里的学习不是参评教师的学习,也不是学生的学习,而是我自己担任评估专家的体验和收获。评估过程中,我既当过课程教学评估的学科专家组组长和成员,也当过横向专家;既评估过专业的理论课程、实验课程,也评估过学校的通识课程;既评估过本院教师的课程,也评估过外院教师的课程,收获颇多。如在评课听课过程中,看到参评教师一些好的教学方法和技巧,就会想到如何运用到自己的授课中,同时也会在不同的场合介绍给学院的其他教师进行参考借鉴。评估也为我提供了学习和借鉴其他学院教学管理经验的一个有效途径和机会,我发现不同学院教师的授课模式以及教学文件材料的准备具有典型的学院特色和要求,从而积极借鉴学习。另外,通过与评估专家和同行交流,我了解了其他学院的专家对本学院教学工作的评价和建议,发现了存在的问题和不足,从而在学院层面采取措施和办法进行改进,同时也通过学院内部的教学活动和经验交流研讨,对学院教学中的亮点和优势进行强化和提升,不断提高学院整体的教育教学能力和水平。

在教学评估中,评、教结合,教、学相长,教、评、学循环促进,不断推动着教师、学院和学校教育教学能力和水平的提升,最终必将实现卓越教学和一流本科创新人才的培养。

教学评估，我的成长契机

王　萍*　■

　　第一次接受学校课程教学评估，是在 1988 年秋。那一年，我刚刚从外校调入海大，被安排讲授"思想道德修养"课程，并被告知要接受学校组织专家进行的课程教学评估。正是在那次评估中，我有幸结识了时任教务处处长的山广恕教授。岁月流逝，我所崇敬的山教授已驾鹤西

去，而那一堂课的情形至今仍能在我脑海中清晰地浮现。

　　记得那是一个下午，我要讲授的内容是"信息时代背景下大学生的历史使命"。授课中，我通过大量的事实分析，针对如何认识时代特征、如何认识中美之间的差异、如何看待大学生在民族振兴中的位置等问题做了讲解。学生聚精会神，坐在他们之中的山广恕教授听得全神贯注。下课了，他走到我的面前，目光里满是赞许，并问我是哪个学校毕业的。我一边调整着课堂上还未消退的兴奋情绪，一边恭敬地回答。"这样的课程很有意义啊！王老师，以后，我还要再来听你的课！"临走时他这样说。这番话对于当时的我，意义非同小可。

　　当时自己对教师工作饱含热情，却对要讲授的这门德育课程充满忐忑。那时，思想政治教育类的教育工作者常被叫作"马克思主义老太太"，自己才 20 多岁，想到这样的标签不免情绪郁闷，有一种大学校园里的"二等公民"的感觉。更大的压力是在教学中如何处理诸如"道德责任""爱国主义""艰苦奋斗""全面发展"等命题。学生往往因对其表层的耳熟能详而滋长出逆反，如何打消学生

　　*　王萍，中国海洋大学马克思主义学院教授。

听课前怀疑、不屑、冷漠的心理态势，是备课时需要煞费苦心解决的第一个问题，我常常为设计一节课的巧妙导入而夜不能寐，这恐怕是其他专业课程教师感到匪夷所思的事情。这种艰苦的教学状态确实超过了预期，我的心情时常焦躁，内心深处对自己能否胜任这门课程也萌生了疑问。因此，既是教学评估专家又是教务处处长的山广恕教授听课中表露出的共鸣神态、欣赏目光以及课后的褒扬之辞，令我豁然、欣然，迷惘中的疑问消散，大有如饮琼浆之感。我至今仍认为，在工作起步阶段，接受这次评估，遇到这样善于激励、赏识教师的专家，是自己职业生涯中莫大的幸运。

在以后的时间里，包括后来山广恕教授当了副校长，他仍然挤出时间两次走进我的课堂。站在讲台上，迎着他亲切、睿智的目光，我总感受到一份厚重的理解和支持，倍受鼓舞，信心大增，内心迸发出自我超越的冲动，也尽情地享受着讲坛上的自豪和快乐。我越来越体会到教学不只是为了学生成长所做的付出，不只是为了完成别人交付的任务，同时也是一种分享，与人分享学习、思索、体悟的快乐，更承载着教师个体的自我认识和自我成长，是教师生命价值的体现，是丰富教师生命内涵的重要途径。

心理学上有个概念叫"重要他人"（significant others），指的是在个体社会化以及人格形成的过程中具有重要影响的具体人物。感谢教学评估提供契机，使我有缘结识如山广恕教授这样的一些"重要他人"，他们是我事业道路上的引领人和恩师。尽管他们可能记不起曾经说过什么、做过什么，但我会永远记得在充满迷茫焦虑的探索中，他们带着不同风格，通过不同方式，帮我推敲和反思某一堂课，或取喻明理，或画龙点睛。那些中肯的建议、指导、提醒，那些温暖的体谅、鼓励、赞赏，带给我多少鞭策和动力，使我最终把做一名深受学生欢迎的优秀教师作为自己的职业理想，作为毕生追求的职业目标。

后来，我也有幸被聘为学校课程教学评估专家，多次到课堂上评估别人。蓦然发现，位置的不同其实很易影响人的思维角度和评价标准。专家更习惯于一针见血地指正，对于被评教师符合指标要求的做法则理解为应在情理之中，忘记了当初年纪轻轻的自己最渴望得到的是什么！今天，我翻开当年为人称道的教案，稚气可见；对教材的处理、教学环节的设计等方面也并非无可挑剔。这要感谢山广恕教授等评估专家，他们没有做一针见血、眼里不揉沙子的检察官，而是能以宽容之心来接纳瑕疵，允许教师存在不足和缺陷。他们当然不是在做无原则的"好好先生"，只是他们所关注的不是给青年教师当前存在的问题下结论，而倾向于给青年教师提供进步的空间和动力，帮助青年教师树立信心。回首个人在评估中的成长经历，我体会着山广恕教授等评估专家的做法给我们今天培养青年教师带来的启迪，觉得耐人寻味。

有关教育理论把教师成长分为五个阶段。[①] 接受评估的青年教师大都处于第一阶段——入职适应期，教学权威专家的态度对他们有很大的心理暗示作用。亲切的笑容、赞赏的眼光、默默地颔首都会让忐忑的青年教师像吃了"定心丸"一样，使其教育技能发挥自如，教育过程完整流畅，评估者与被评估者之间的"相对的矛盾和对立"转化为"切磋教育技能和为教学一线服务"。当然，一针见血的批评、严于要求一般也能促进教师不断提高自身素质，而只有善于发现教师的"亮点"，着眼于发展性评估，将鼓励与赏识变成一股支撑青年教师立志成长的强大精神力量，让教师在回顾、交流与反思的过程中感受成长与进步，培养自信心与自豪感，激励教师向更高的目标迈进的评估才能成为青年教师成长最有效的助推器。

春色之美在于缤纷，物界之奇在于多元，教学评估专家更应该拥有敏锐的发现美的眼睛和能容忍瑕疵的宽厚的心胸。"大学应当从远处收罗各种天才的每一道光线，聚集一堂，用这集中的火焰使年轻人的心燃烧起来"[②]，鼓励青年教师在个性化的背景中吸收所需要的每一道光线，并有机统合，让激情在讲台上迸发出美丽的火花，我想，这是当下作为教学评估专家的我应该做到的，也是我对于所崇敬的山广恕教授最好的学习与告慰。

---

① 叶澜．教师角色与教师发展新探[M]．北京：教育科学出版社，2001：345．
② 〔美〕爱默生．爱默生选集[M]．张爱玲，译．哈尔滨：哈尔滨出版社，2003：10．

第二部分　教师心语

PART TWO

只有赢得学生才能赢得课堂

赵　君*　

白驹过隙，时光荏苒，转眼已是我参加学校课程教学评估后的第五个年头。时至今日，我依然难以忘怀各位评估专家对我的课程教学方法改进及教育模式革新进行的专业分析和提出的宝贵建议，它们让我至今仍深深受益，而参加课程教学评估的

体会、感受和启示则为我的教学道路树立了一盏明灯。

2018年我参加评估的课程是"分子细胞生物学"。本课程作为生物学相关专业学生的公共基础必修课，对于建立与其专业层次、研究方向相符合的细胞生物学知识架构体系，并培养和锻炼学生的科学思维能力具有重要的作用。同时，本人所在的教学团队为国家级细胞生物学教学团队，作为学校较早采用多媒体教学及使用网络教学平台的团队，一直致力于如何将学生的主体作用发挥出来，将传统模式"以教为中心"转化为"以学为中心"。然而，面对知识量庞大、课时总量有限及绝大多数知识点抽象难以理解等现状，在教学工作中如何运用科学合理的授课方法做到对知识有效讲授，如何在有限的课时里帮助学生建立起基础知识体系的科学架构，如何通过形式多样的授课手段做到使讲课深入浅出，成为我不断探索的问题。通过参加教学评估，我有幸得到了各位评估专家的批评和指正，也通过观摩优秀教师的授课，使得我在教学工作中有了新的提高，现将自己的体会总结如下。

＊　赵君，中国海洋大学海洋生命学院副教授，2018年春季学期参加学校课程教学评估。

一、采用"以学为主"的教学模式，充分调动学生的主观能动性

"分子细胞生物学"作为生物学的核心课程之一，对于本专业学生专业知识体系的建立具有重要的结构支撑作用。但由于课程知识点庞杂，内容抽象不具体，若按传统授课模式，学生常会出现接受程度低、理解困难等问题。知识盲点日积月累，就会造成学生的厌倦心理，同时也会影响知识的掌握。

针对以上问题，我在课程教学中时刻提醒自己，教学工作中不能以教师作为主体，不能只顾授课而不顾学生的理解和掌握，而应该充分调动学生的主观能动性，做到让学生想学，激励学生思考着学，使学生课后能够积极总结、复习。首先，为了调动学生的学习热情，我以每个人身上都存在的细胞来打比方，使学生感到知识不再抽象。比如，我在讲述第一节课时，先给学生播放了哈佛大学细胞生物学团队制作的一段关于细胞内部的视频，让学生明白，细胞虽小，但它是目前我们发现的最经济、运行最准确的"小王国"；同时它会与每个人同在，并肩战斗。另外，大胆借鉴"百家讲坛"的模式，采用说书讲故事的方式，向学生讲述了细胞发现的历程和目前国际上取得的最新进展，同时给予学生期许和展望，希望通过课程学习，学生可以积累专业基础知识，从而厚积薄发，在将来的科研生活中取得新发现、新认知。只有学生的学习热情被充分激发，才能调动他后续上课思考，课后复习预习。

在一些评估专家的指点下，我也对之前的教学方法进行了调整和改进：一是对每节课的内容进行了框架设计，做到一个框架一个主题，每个主题中都有一到两个重难点知识，这样每个主题结束后，通过提问或课堂小组讨论的形式，既能帮助学生建立完整的知识框架，又能加深其对重难点知识的理解；二是在讲解每个主题时，借鉴"高等数学"等课程的讲解模式，强化推导论证，让讲授更富逻辑性，从而使学生可以在学习中由被动灌输知识点到主动推导探寻知识点，加深学生对知识点的思考和认知；三是在课堂上围绕知识点拓展延伸内容，通过课堂讨论，帮助学生将知识活化。

同时，我针对不同学生的学习状态进行有针对性的课后作业布置和安排。首先，针对学习有困难的学生，我会及时将一些知识点进行总结放于课程网络在线平台上帮助学生复习；而对于惰性比较大的学生，则会在讲授完一些重点章节后布置总结性作业以督促学生学习；对于学习主动、理解力好的学生则添

加了学习讨论区,通过邮件和讨论的形式,给予指导帮助,同时也引导其参与科研工作并对他们提出的问题及时进行帮助指导。

一切以学生的接受理解为中心点,并将其作为核心理念贯穿整个教学工作。以多样化的评价方式检验学生的学习效果,通过课上测验、课堂提问和不定时与学生谈话等及时了解学生的掌握情况,并根据情况及时进行教学工作的调整,特别是对学习困难的学生给予鼓励和关注,调动每一个学生的主观能动性。

二、运用多样化的教学手段,强化学生的理解和认知,提升教学效果

本门课程的知识点大多较抽象,为了帮助学生更好地理解课程内容,建立完整的知识框架,同时深刻地理解重难点知识,在授课过程中我除了在每一个章节的课件中添加动画流程图帮助学生理解外,还将一些在科研中取得的实验数据和优秀的动画视频也增补加入课程中。如在讲骨骼肌的收缩机制时,通过课件中的动画流程图式讲解完机制过程后,接着为学生播放了一个模拟过程短视频。学生普遍反映,对这个知识点的记忆很深刻。

另外,我提前将学习相关课件和教学视频资料通过网络在线平台发布给学生,学生可以根据自己的时间自由地进行学习。这样做除了可以帮助学生建立完整的知识框架外,更在一些重难点知识的学习上使学生提前进行思考,形成问题,提升了听课的针对性。如果课上有的地方没太听清,或者有的时段注意力不集中,学生可以在课后通过反复观看课件进行理解。

灵活运用启发式教学和总结式教学方法。首先是启发式教学,在备课时预留一些启发式的问题,待讲授时,不直接把知识点告诉学生,而是采用发问的形式在课上提出来并引导学生来解决。例如,在讲到亲核蛋白的运出时,学生已经知道亲核蛋白的运进机制,于是提出问题,"那亲核蛋白想运出该怎么办?"给学生留下悬念,让他们假想,如果自己是细胞,会采用什么样的机制来帮助亲核蛋白运出,这样就把学生的被动学习转变为了启发式学习。其次是采用总结式教学法,经常对各章知识点进行总结,同时将前后相关章节知识以一定的逻辑进行串联,做到知识框架的完整与融会贯通。例如,在讲完质膜、内质网、高尔基复合体和溶酶体这几个结构后,就以分泌蛋白如何产生、加工和运输为主线,将这几章的内容进行串联总结,让学生意识到知识的连贯性和相关性,而不是一个个枯燥的、孤立的知识点。

三、增加课堂趣味性,调动学生学习的积极性

再有激情的学习也存在疲劳期,因而趣味教学就成了我一直积极探索的方向。首先,将课本知识与生活现象相联系,激发学生学习的热情。例如,在讲到肾上腺素与不同受体结合会有不同反应时,我就假设现在刚收到自己的大学录取通知书,那种激动的心情下身体出现的各种反应,相对应的就是肾上腺素与机体内不同受体结合后产生的反应;在进行钙调蛋白的功能讲解时,我把它与我们人的记忆如何偶联一起讲解,从而能够让学生更好地理解结构上的变化带来的功能上的差异。

再者,采用游戏的形式进行知识点的回顾掌握。例如,这门课程的重要内容之一就是名词解释,学生只有充分理解、掌握知识点并用简练的语言高度概括其核心内容才能很好地作答。在教学中,我借鉴"你比画我猜"的游戏模式,请一位学生用概括的语言讲述看到的名词,另外一位学生来猜是什么,这样既活跃了课堂气氛,也在游戏中帮助学生学到了知识,理解了知识点的精髓。

另外,我也会用一些时下流行语来对一些知识点进行"贴标签"。例如,在讲到核孔复合体的结构时,我给这个结构起了个名字,叫"八心八箭的八重对称结构",学生都笑了,这一八重对称的结构也深深地印入学生脑海中;再如,讲到负责膜泡运输的成笼蛋白时,我说这个蛋白是个"三腿子",这样学生就充分理解了这个结构三条链的结构特征。通过给一些知识点"贴标签",可以更加形象地帮助学生理解和记忆,使学生在轻松愉快的学习氛围中提高了学习效率。

四、培养和锻炼科学思维,激发学生的科研热情

本门课程的学习,除了能够帮助学生建立基本的专业知识体系外,可以培养和锻炼学生的科学思维,激发他们的科研热情。因而在课程教学中,我始终围绕一些科研基础工作进行实例讲解,帮助学生了解这些知识在科研生活中的应用领域,同时让学生通过自主设计试验来发现、验证一些书本上的知识点,培养他们的科研意识和能力。例如,在进行细胞连接讲解时,我就以一个体外培养的细胞如何在培养瓶里贴壁、迁移、生长为例,讲述不同时间阶段细胞与细胞间以及细胞与培养载体间形成的细胞连接类型;在进行线粒体氧化磷酸化和ATP合成时,以一个科研小问题的形式,让学生设计试验,验证线粒体中的氧

化磷酸化和 ATP 合成不是在同一部位。通过这些科研实例,学生锻炼了科学思维,也激发了科研热情。

我始终没有忘记自己最初的教学理念,那就是充分发挥教师的主导作用和学生的主体作用,牢记教师职责,传道、授业、解惑。我追求教授方法的科学性,努力改变传统教学中填鸭式的教学方法与手段,利用各种教学方法充分调动学生的主观能动性,通过课程学习,不光让学生掌握专业知识,更帮助学生建立对细胞学科的热爱、进行科研启蒙。

感谢评估过程中评估专家的热心帮助和指正。忘不了课后各位专家循循善诱的点拨,也忘不了他们在教学工作中对我们后辈的殷切期望。我必将秉承海大人的优良教学作风,不断探索,努力进取,为学生成长成才做出自己应有的贡献。

朝乾夕惕，慎终如始

林　敏[*]

2018 年春季学期我以"高等数学Ⅱ"课程参加了学校的课程教学评估。该课程是学校的公共基础课，主要面向非数学专业的大一学生开设。它的特点是高度抽象、逻辑严密、应用广泛，学生普遍认为它难度较高，对其存在畏难心理。为了帮助学生尽快熟悉高等数学的思维方式、掌握高等数学的基本理论和方法，我积极探索，不断尝试，在课前准备、课上教学、课外辅导等各个环节扎实做好工作，帮助学生提高抽象思维能力、逻辑推理能力、数学运算能力以及应用数学解决实际问题的能力。

一、精心设计教学过程，认真准备教学资料

尽管已经讲授高等数学 10 多年，但每次面对一批新的学生，我仍然当作第一次讲授该课程，从头认真做准备。备课中，我对每章节的教学内容和知识点进行精心设计，细化到每一节课的课堂教学中。为使学生既能掌握数学理论知识和思维方法，又能应用这种方法分析并解决实际问题，我通常在选课阶段就开始了解学生所学的专业，从他们专业的学科特点和需求出发，设计教学过程、方法和实例，将生活问题和学科专业问题融于教学过程中。比如，"气压变化与

＊　林敏，中国海洋大学数学科学学院副教授，2018 年春季学期参加学校课程教学评估。

方向导数的应用""下山最快问题与梯度的应用""长方体铁皮水桶用料最省"等,这种"围绕问题设计教学过程"的教学模式,极大地激发了学生学习的热情,培养了他们的主动探索精神和创新意识,收到了较好的教学效果。

在教学设计中,我常常以学生的视角审视所讲内容。对于难懂的计算或容易混淆的概念,我通过形象的例子或直观的图像进行展示,尽可能让所有学生都能听懂、理解并掌握。撰写教案时,除了本节课教学的详细过程外,我还增加了"总结"和"错解分析"部分,将学生在课前、课上和课后作业及测试中经常遇到的易错问题都记录下来,不断反思、总结和探索。

二、鼓励学生课前预习,提高自主学习能力

网络技术的发展为教学工作提供了更加丰富的途径。我充分利用教学平台和 QQ 群,课前发布讲义和教学设计,鼓励学生带着问题进行有效的预习,提前进入课堂教学的氛围。

为激发学生的主观能动性,我把部分教学内容交给学生自己来讲解。在"高数讨论群"里,我提前发布需要学生自主讲解的知识点,讲课名额通常瞬间就被抢光。这说明学生主动参与课程的愿望非常高。学生带着问题和疑惑来听课,主动参与课程的教学,他们的注意力就更加集中。这种以学生为中心的教学方式,产生了很好的效果。

三、丰富教学手段,掌控课堂进程

1. 调动学生积极性,增设翻转课堂环节

我通常在课前 10 分钟就已进入教学状态,将上节课的主要内容和本节课的提纲写在黑板上。明确具体的回顾内容,有利于提前引导学生针对性地思考,能让他们在课堂上回答问题时更加清晰、有条理;新授内容的提纲,会帮助学生把握课堂节奏,了解上课进程。

高等数学内容枯燥、理论性强,对于学生来说接受困难,上课容易开小差。在讲解完典型例题之后,我会抄写类似的相关练习题,让学生应用刚学到的知识或方法,动脑、动手练习。这个过程中,我通常留给学生充分的思考时间,让他们在主动探索和讨论中解决问题。我鼓励学生在课堂上积极发言,发表自己的见解;提倡一题多解,选择最优方法。

2. 合理利用多媒体,教学方式多样化

与其他学科不同,数学本身并不适合全盘采用多媒体授课。但在某些环节,多媒体也能够显著提高教学效果。在授课中,我根据具体的教学内容,选取传统板书或多媒体课件或两种方式相结合的方式展开教学工作。

对于复杂的计算推导和逻辑证明,每个步骤都是一个关键环节,不可省略也不宜快进。板书教学能够给学生留出更多的思考时间,有利于他们跟着老师的节奏对问题进行计算、推理和分析,这个过程对于培养学生的基本数学素养是必不可少的。

部分章节内容是分析与几何知识的融合,借助多媒体可以更加直观、生动、形象地呈现出来。在表达空间曲线和空间曲面、重积分化累次积分以及重积分的几何意义等方面,多媒体有板书难以取代的优势。数形结合直观易懂,化难为易,有利于学生对抽象概念的理解。我在备课中精心设计制作 PPT,力图提升学生对问题探究的兴趣和理解能力,提高教学效果。

3. 增加课堂习题讲解,调动网络自主学习的积极性

习题课是数学课堂教学的重要组成部分,能够帮助学生及时巩固基本概念,加强对基本理论和基本知识的应用,对于训练学生的逻辑思维能力也有重要作用。

我在每章结束之后都要增加一次习题课,对本章的基本题型进行归纳和讲解。考虑到教学进度,有时我会把习题课安排在周末,或通过海大云学堂进行习题课直播,学生可以观看直播或回看视频。

由于课堂教学时间有限、课时不足,很难讲解大量的习题。为了让习题课常态化,我们"高等数学Ⅰ"课题组录制了习题课视频。我将历年考点按题型分类梳理,精心设计 PPT,然后录制视频,上传到 Bb 平台供学生网上学习。习题的选择具有针对性、典型性和梯度性,对学生理解知识、运用知识起到了很好的效果。

四、做好课外辅导,教学全天在线

1. 课前辅导,课后答疑

我将自己的讲义和教学设计提前发到 QQ 群与 Bb 平台上,学生可以下载学习。如果他们有疑惑,可以在课前或课后与我讨论。

我通常提前半小时到教室,下课后也会在教室里逗留,讲解学生在课堂上没有听懂的内容或者作业中遇到的难题。有时好几个学生问不同的问题,我还会让一名学生给另外的学生讲解,然后再点评讲解内容,直到学生彻底消除疑问;有时学生会告诉我一些他对学习内容的理解,好的想法我会在下一次课上讲给其他学生听,鼓励学生积极思考和沟通交流。这一环节一方面及时解决了学生的问题,另一方面也帮助我更好地了解学生的接受能力和学习情况,及时对后续教学进行调整。

2. 建立 QQ 交流群,课外指导常态化

学生在高等数学的学习中,总会遇到各种各样的疑问。这些问题仅靠课前课后的面对面答疑是不够的,因此我建立了 QQ 交流群,上传学习资料并随时进行辅导答疑,学生也可以在群中交流讨论。这种方式方便快捷地解决了学生平时遇到的各种问题,增进了师生间的交流,也帮助我及时地了解了学生对知识点的掌握情况和对课堂的改进意见等,进一步提升了课堂效率和授课效果。

3. 及时反馈作业情况,精心详解作业答案

课后作业可以督促学生复习巩固学过的知识,教师可以从作业中发现问题,了解学生对这部分知识的掌握情况。因此,课后作业不容忽视。

我在每次课都会留下一定量的作业让学生去独立完成。这些作业我都会自己做一遍,将作业答案上传到 QQ 群和 Bb 平台。这样学生就可以及时发现自己作业中的错误,作业答案还可以用作复习参考资料。对学生普遍存在的问题,我会在课堂上进行详细讲解。

以上是我在课程教学过程中的一些方法和经验。教学工作的开展和实施离不开教和学双方的共同努力。特别感谢评估过程中不辞劳苦来听我的课并对我提出宝贵意见和建议的专家,感谢他们将宝贵的教学经验倾囊相授,促进我更快地成长和进步。十数年的教学经历让我更加热爱自己的工作,今后,我会再接再厉,继续在教师岗位上努力工作。朝乾夕惕,慎终如始!

努力提升"结构力学"课程教学质量

李效民 *

2018 年春季学期我主讲的"结构力学"课程参加了学校的课程教学评估。该课程是土木工程专业人才培养方案中最重要的一门专业核心基础课,对培养合格的具有宽厚力学基础的土木工程师起着举足轻重的作用。如何让学生在一学期内真正理解并掌握以"结构力学"为代表的力学课程的基本思想、基本理论与基本步骤是我一直在思考和关注的问题。在教学评估及十几年的教学过程中,有幸获得了很多专家的指导,结合自己的反思,几点感悟体会总结如下。

一、深刻领会力学的本质和内涵

力学担负着数学与工程学之间连通和转换的作用,如图 1 所示。一方面,力学要对工程学进行数学的定量描述,将工程问题利用力学原理转换为数学问题,使自己变成了应用数学;另一方面,力学要将数学转换为工程应用,使自己变成了工程学科。力学由三个主要内容组成:工程背景、数学基础、力学原理,适合围绕知识点采用三段式进行讲解,使学生建立起三者之间的对应关系,培养利用力学原理对工程学与数学问题翻译和解读的能力。

力学在思维方式培养上属于混合思维,因此在教学和学习中有必要针对知

---

* 李效民,中国海洋大学工程学院副教授,2018 年春季学期参加学校课程教学评估。

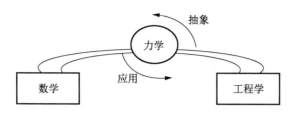

图 1　力学、数学、工程学的关系示意图

识点进行划分,将每一知识点划分为工程学、数学、力学三方面内容,工程学的归工程学,数学的归数学。教师要能够掌握工程学和数学的教学方法,以便与前期的课程相衔接,重点在于能利用力学原理将工程学和数学进行相互翻译、解读。实际上,在教学中如果把一个知识点的工程背景和所需的数学工具都讲解清楚了,力学部分的讲解就非常轻松了。

二、精心设计教学内容和环节

教学工作是由资料收集、逻辑梳理、教案书写、教案熟悉、内容提炼、课前准备、课首引导、语言转换、课尾总结、课后调整等诸多环节构成的。教学不只是一种技巧,更是一门艺术。概括起来,教学的核心和基本环节无非两个——备课和授课。备课要花大量的时间和精力,是上好课的关键和前提。教师不备课就不能走进课堂。教师备课要做到以下四点:提炼出自己的纲要,理清自己的思路,转换成自己的思想,将内容融会贯通。

PPT 课件是展示思路和内容的载体,制作时要突出其优势,克服其缺点。PPT 要力图呈现出板书效果,每页内容的展示可能需要几十次操作才能最终完成,这样一个个符号和数据就会随着教师的讲解、思路的推进在课件中一步步呈现在学生眼前。

教师应注重教学节奏的变化对于教学效果的影响,精心设计和控制好教学内容及其讲述时间,有效把握课堂讲授节奏。可以通过在讲授过程中穿插一些实际工程案例及其在结构力学中的应用来调整教学节奏,避免枯燥的讲授带来的听课倦怠感;要善于抓住和突出一堂课的教学重点与难点,形成教学高潮。

三、利用雨课堂服务教学全过程

雨课堂教学工具软件可以将复杂的信息技术手段融入 PPT 和微信,在课外预习与课堂教学间建立沟通桥梁,让课堂互动永不下线。使用雨课堂可以将带有 MOOC 视频、习题、语音的课前预习课件推送到学生手机上,师生沟通及时、方便;还可以在课堂上实时答题、弹幕互动,增加了师生互动。雨课堂能够覆盖课前、课上、课后的每一个教学环节,可为师生提供完整立体的数据支持,个性化报表、自动任务提醒让教与学更明了。通过雨课堂的使用,教师可以及时掌握学生的学习情况,实时测评和反馈学生学习状态,依据学生课堂的学习情况、课后讨论及投票情况对教学全过程进行回顾分析与总结,从而进一步优化教学方案,改进教学策略,做到有侧重地精讲与知识拓展。雨课堂后台的教学日志还为教师积累了大量真实有效的数据,这也为今后的教学改革和为学生提供更好的学习体验提供了科学依据。

四、强化趣味性教学,激发学生学习兴趣

学生对课程学习的热情和好奇心对于整个学习过程是非常重要的,这就使得教师有责任将课程讲得"有趣"。而课程的趣味性来自研究对象的多样性、研究内容的系统性、研究方法的逻辑性、解题思路的灵活性等。当然,一门有趣的课程,不见得人人都觉得有趣,学生如此,老师亦如此。其中最重要的问题就是"怎样教"和"如何学"。如果老师不能把课程的趣味性发掘出来,在教学中有意识地加以阐述和利用,去激发、调动学生的学习兴趣,学生自己是很难发现其中的趣味的。我在首次课上首先从追溯结构力学起源及发展历程开讲,对课程相关知识在日常生活和大量标志性建筑物中的应用进行论述,使学生明白理论源于实践又用于指导实践,结构力学在工程结构设计中发挥着重要作用,是极其有用和有趣的一门课。在后续教学过程中我还通过各种例题和结构的讲解让学生懂得,在看似枯燥乏味的公式和原理背后实际上结构力学之美无处不在,通过学习既能积累必要的知识,又能启发心智、锻炼思维、开阔视野、提高能力,为今后的学习乃至工作打下良好的基础。

五、手算与电算并重

以三角形静定桁架计算为起点,结构力学经过 100 多年的发展,已经形成三大分支:经典结构力学、计算结构力学与概念结构力学。教材中讲授的经典结构力学的相关概念和方法固然重要,要讲深讲透,但电算能力的训练和培养

对学生今后的学习和工作也至关重要。因此,授课中我穿插讲解了结构力学求解器、结构大师 APP、矩阵位移法计算机编程的实现等内容,强调几种计算软件的重要性及实用性,特别注重对学生电算能力的培养,并通过手算与电算的相互比较,加强学生对理论的理解和对结构受力及变形趋势的判断能力。

六、结语

"结构力学"丰富多样的授课模式受到了学生的一致好评,学生在学习体验反馈问卷中给出了很好的评价。学生普遍认为,这种教学模式强化了他们在课前、课后学习的自主性,使其学习积极性大大提高。当然,这种授课模式对教师也提出了更高的要求,教师要花费更多的时间和精力去关注学生的学习动态,反馈学生的问题,想方设法持久地调动学生的学习热情,在教学组织和教学内容上下功夫。

用细节激活历史，让历史重塑思想

刘永祥*

2018年春季学期，我以"中国近现代史纲要"课程参加了学校的课程教学评估。

自2002年成为一名本科生开始，我一直身处大学之中，后来，工作使我的身份从学生转变为教师。对于学校每位教师都必须参加课程教学评估的制度，我是来到海大以后才真正体验的。说心里话，我起初觉得这项制度有点儿小题大做。大学应是个性张扬、思想放飞的场所，有必要画那么多条条框框吗？等到自己真正经历了课程教学评估后，才知道这是多么大的误解，才知道这项制度对于学校的发展和教师的自我提升作用有多大。

大学不是名利场，而是一片净土。这片净土的成分，其实并不复杂：老师和学生。老师潜心钻研，学生认真求学，是一所好大学的必备条件。沟通二者的桥梁，正是课堂教学。知识，只有经过传递，才能产生价值。因此，学生是一切大学工作的中心。如何把学生培养成具有独立思考能力的人，如何让学生更有效地接收信息，是每一位老师都应该下功夫钻研的一门学问。一味以自我为中心，不愿意站在学生角度思考问题的老师，恐怕不能称为合格的老师。

教学评估，正是为此而存在。它不是工厂，不是要用刻板的模型困住老师，而是在尊重每一位老师个性和每一门课程性质的前提下，寻求一种更佳的知识

＊ 刘永祥，中国海洋大学马克思主义学院副教授，2018年春季学期参加学校课程教学评估。

传递方法,让老师和学生之间的交流更为畅通,让学校的本科教学质量始终在全国保持高水准。那么,究竟如何让学生在短短的100分钟内获得的更多知识?大学里有通用的教学方法,但绝没有统一的方法。因为,学科之间的差别,有时大到无法想象。

思政课教学最难的地方有二:一是课程的重复性;二是课程的政治性。其他专业课老师可能无法体会,同样的内容一周讲四遍甚至更多遍是什么感觉。疲惫,几乎无可逃避。每一位走上教师岗位的人,都必定对这份职业抱有热情和敬畏之心。但长年累月的重复,还是会一点点消磨掉最初的激情。要克服这一点,办法有两个:教学改革和自我激励。只有不断地更新教学内容和教学方法,才不至于陷入僵化,才不会让课程变成一门"死课",这在很大程度上需要科研做支撑。只有不断地自我激励,在大脑中形成第一次讲授的潜意识,才能让自己始终抱有无限的激情,才能真正享受这一过程。以我自己的感受来说,当把所有能量贯注到课堂上时,每次讲完课都会有虚脱的感觉。

至于课程的政治属性,为什么一提起思政课,学生第一反应就是没意思?并非理论本身缺乏说服力,而是传递方式出了问题。思政课是中国特色,从小到大,甚至读到博士,也是必修课。如此一来,知识的同质化现象非常严重。拿中国近代史来说,教材上的基础知识在高中已然学过,如果只是简单的"炒冷饭",不仅起不到思想教育作用,反而容易引发学生的逆反心理。时代在变化,学生获取知识的途径以及独立思考的能力已然变得异常多元和强大,而我们却津津有味地重复着陈旧的知识,又怎能真正让学生从内心里认同呢?

针对上述困境,我的解决方法如下。

一、以饱满的热情和精神状态,全神贯注地进行授课

无论何时,只要踏进教室,就调动起全身每一个细胞,努力言传身教。教书育人,是教师的核心任务,教师的情绪一定会传导给学生,而"面对面"对于人文学科来说尤为重要。

二、坚定政治立场

坚持中国共产党的领导,坚持马克思主义,坚持中国式现代化道路,尤其是要捍卫中华文明的主体性,驳斥西方所谓的"中华文明停滞论"和"人类文明终

结论"等历史虚无主义观点,并采取多种形式将习近平新时代中国特色社会主义思想融入课堂。

三、吃透教材,把握核心,将教材体系转换为教学体系,将历史属性与思政属性有机融合

思政课之所以会让学生觉得枯燥,是因为教材的结论性(理论性)太强。20岁左右的青年学生很难在人文学科方面进行过于艰涩的理论辨析,他们对富有鲜活感的事物更感兴趣。历史的最大魅力,恰恰来自细节化的叙事。人们读的既是历史,又不是历史,而是隐藏在背后的人生。"中国近现代史纲要"课程的设置,正是看中了历史的写实、鲜活以及趣味,试图让学生"回到"历史现场,重新感受中华民族近代100多年走过的艰难历程,最终导出"四个选择":马克思主义、中共执政、社会主义道路、改革开放。但受篇幅所限,教材只能搭建一个理论框架,删掉了丰富多彩的历史人物和事件,就好像一副缺少了血肉的骨架。教材的任务,在于告诉学生"是什么",而"为什么"的任务,就落在了教师身上。教师对于结论要完全吃透,但在授课时不能只围绕结论进行理论辨析,而应充分考虑受众者的知识程度(海大学生多为理科生,历史功底并不深),将结论巧妙地融入叙事中,"化有形为无形"。基于此,我尝试恢复运转千年的"叙事史"传统,让原本高高在上的理论穿梭于一个个具体的人和一件件具体的事之间,克服教材的不足,让学生能够更轻松、更自然地理解近代国人的选择。当然,恢复"叙事史"传统,绝不意味着将历史碎片化,而始终贯穿着民族复兴这条主线。民族复兴包含民族独立和国家富强两个层面,需将革命史和现代化两大范式结合起来,既要讲出侵略与反侵略的斗争,又要说明传统与现代的文明碰撞。

四、打破原有框架,进行专题教学,并注意吸收学界最新成果

教材上所涉及的近代史基本史实,大部分学生是比较熟悉的。所以,我的讲授不追求面面俱到,而是抓住重点,将整部教材整合为11个专题,每个专题之下再细分为小专题,每个小专题都采取"轻松叙事+学理剖析"的设计模式。换言之,让学生在100分钟之内掌握几个核心的知识点,这堂课的任务就圆满完成了。所以,我会在每次课一开始就将讲授的主要内容和框架展示给学生,让他们先在头脑中形成基本架构,结尾时再将几个最核心的知识点概括出来加

以强化。针对网络化时代不实信息的传播,我在每个专题中都有意识地增加驳斥历史虚无主义的内容,比如反对"侵略有理""殖民无罪""抬袁贬孙""长征放水""游而不击"等,并介绍学界最新成果,借此让学生在方法论层面也有收获,养成理性分析问题的习惯,认清历史解释多元化和历史虚无主义之间的界限。因为人文学科的学习应该是"知识+方法+视野"三位一体,不能单纯停留在知识层面。

五、采取多种教学方式,吸引学生注意力,充分调动课堂气氛

要让学生在 100 分钟内保持持续专注,是一件极为困难的事情,我尽力通过以下几种方式来调动课堂气氛。

(1)重视导课,用一段评书式话语或一段经典史料等迅速抓住学生的注意力。导课十分重要,要用最短的时间、最快捷的方式切入主题,将处于游离状态的学生拉进课堂,进入学习状态。课堂如战场,谁掌握了主动性,谁就能取得最后的胜利。

(2)注重案例教学,增强教学的生动性。典型案例在人文学科的教学过程中扮演着至关重要的角色,既能说明问题,又能引起学生的兴趣。尤其是历史学,人、事、理是三大要素,正常的学习逻辑是由事件和人物导出义理,因此必须借助案例来论证教材上的结论。当然,借助案例并不简单地等同于"讲故事",而是带有分析性的"历史叙事",否则,课程内容就会变得肤浅,缺乏理论深度。

(3)提前设计问题,进行课堂提问和讨论。课堂互动的目的,一是激发学生思考深度,更好地理解问题;二是缓解学生的疲劳,提高专注力。互动,应该成为整堂课的有效组成部分,要顺其自然,而不是为了互动而互动。这需要教师提前设计问题,在上课后大约 25 分钟进行一次范围较广的讨论,而且在学生作答后要有追问,形成问题串。此外,教师要经常使用问句,问而不答,引起学生注意。

(4)精心撰写讲稿。很多人认为,大学授课不需要讲稿,这恐怕是误区。要把每堂课都当作一场公开演讲来对待,所以必须有十分详细的讲稿,如何导课、何处提问、如何叙事等都要专门设计。

(5)通过展示史料将学生带回"历史现场",激发情感共鸣。史料,能够让今人跨越时空与古人对话,这也是所谓历史感的真正来源。干巴巴的结论,只能

把学生和历史推得越来越远。唯有细节，才会形成画面感，才能激发学生的情感共鸣，让其进入历史、触摸历史、观察历史、思考历史。没有史料的展示，学生就无法切身体会到历史的真实性。缺少了真实感的历史，说服力近乎零。

（6）注意教学语言的生动性和节奏感，适当运用网络流行语。要增强思政课的说服力，教师应讲究授课的语言艺术，让"老生常谈"变得不那么难嚼，也就是常说的"接地气""入人心"。我的做法是，借鉴相声和评书的叙事技巧，将事件场景化、幽默化，并适度吸取网络语言，而非平淡铺陈。当然，这个度要把握好，不能过多运用，否则就会将主题切割得七零八落。而且，"轻松叙事"需与"学理剖析"相结合，并在整个学期的课程设计上遵循由浅入深的原则。一般来说，学期过半后，学理分析的比重会明显增多。在这个过程中，应遵守客观公正的评价原则，不能流于片面，否则会降低说服力。

六、开辟"第二课堂"，定期在微信公众号"祥说近代史"上推送与课程相关的内容，进行知识拓展

"祥说近代史"是我在 2016 年年底创办的公众号，起因是不少学生提出能否将课堂上的内容再做适当延伸。截至目前，该公众号共推送过几百篇文章，大部分为原创，产生了一定影响，累计点击量为几千万次。每周上课前，我都会推送与课程相关的内容，并提醒学生点击查看、发表评论，很多学生也会在微信上与我展开讨论。通过查看评论，我对学生关心的问题大致有了了解，在课堂上讲授和回应时，就更有针对性了。

教学评估的目的，在于发现问题，督促教师提高教学水平。评估过程中，许多评估专家都对我的课提出了相当中肯的意见；有时，因课间时间较为紧张，讨论不充分，他们还会专门打电话或发邮件提出建议。这是最让我感动的地方，说明他们对此事高度负责，一切以提高教学质量为中心，不走过场，不搞形式。作为教师，我要做的就是认真消化评估专家给出的意见，发扬优点，改正不足，不断提高教学水平。

总之，教学评估对于教师的成长，对于海大教学体系的完善，真的至关重要。可以说，制度的力量，在这里体现得淋漓尽致！

学生的心，课程的命

赵传湖 *

"无论哪门课程，具有怎样的定位，学生的学习效果才是根本。"教师首先要尊重学生、尊重课程。教师是否在认真上课，学生通过几次课就能很好地感知。教师在课堂上拿出了应有的责任心和态度，很多学生可能会受到这种精神的带动而提高学习效率。教师尊重学生，学生才会从心底热爱教师和课堂。

"学生的心，课程的命。""科学认识天气"课程是一门地球科学类的通识课，我在授课中紧紧抓住了来自不同学科背景学生的"心"，从而也就一下子把住了这门课的"命脉"。

一、教师是基础，学生是核心

教师对课程的总体设计决定了一门课程的高度，而教师对课程实现方式的技巧掌握影响了学生对课程内容接受的程度。无论教师如何废寝忘食、如何讲求技巧，如果不从学生角度出发，教学效果是很难得到保证的。围绕学生所想的问题进行内容组织，才可能会有好的效果。我在教学中设计了大量实践活动，借助于简单的仪器，如用空盒气压计来观测气压、用便携式三杯风速计记录风向和风速、通过百叶箱里的干湿球温度计来掌握气温和相对湿度变化，通过

* 赵传湖，中国海洋大学海洋与大气学院副教授，2018年秋季学期参加学校课程教学评估。

分析这些气象要素的变化使学生了解天气变化的征兆。鼓励学生以灵巧的手和聪慧的眼睛,进行持之以恒的观测、记录和思考,科学地认识生活里的天气变化。同时,因为选课学生的专业背景差异非常大,而且学生选课的目的也不一样,如何把理论性较强的内容用大家都能接受的方式表达出来并促进多学科思想的交流,这是一个需要不断探索的过程。

二、让诗意入课堂

"卷云如幕,渐厚高云入。湿暖西南风又住,漫洒连天清露。积云轻卷西风,旦夕阴雨再浓。更有北风忽起,且凉且净且晴。"这是我在讲授天气系统中的温带气旋时填写的一首词《清平乐·温带气旋》,展示了典型的锋面气旋过境前、过境时和过境后的天气现象的变化。理科课堂上霎时间弥漫着一股清新的文艺风,让不少学生叫好不绝。以变化的观点看待天气,从整体的角度认识天气,从实践的层面判断天气,这是我对通识课程教学的一些认识。只是,此时的"天气"已不仅仅是天气,它是多样的生活。这种认识在课堂上以诗文的形式展示出来,是一种手段,希望能够引发学生思考,建立天气与生活的联系。自然与人文融合的途径,也有利于课程突出科学素养训练的同时兼具人文情怀培养,实现课程立德树人的目标。跳出学科之外,尝试以不同于专业的语言去复述和解读,文理结合,自然科学与社会科学交汇融合,竟产生了意想不到的效果,学生的反应也着实让我欣喜兴奋了好一阵子。

三、针对具体教学内容强化教学设计

课堂教学绝不是简单的知识灌输,它也需要一定的策略和设计。教学设计是课程的灵魂核心,这里面又包含了课程的总体设计和每节课的具体教学设计。课程的总体设计需要给出整个课程的思想框架、逻辑主线和情感价值培养目标。不同的课程需要达到的目的是不一样的,侧重点差异明显。"科学认识天气"具有自然科学类课程的特点,即知识性、系统性强。课程的总体设计从"天气""认识"和"科学"三个关键词出发,力图综合考虑知识、能力、素养和情感等因素,对课程的内容和表现形式进行详细设计。每节课的设计则根据总体设计的要求,针对每节课的具体内容,考虑学生学习的知识目标、能力目标和情感目标,也取得了一些效果。在讲台风时通过对河南"758 暴雨"的案例分析,结合尼娜台风带来的特大暴雨（三天最大降水量达到 1600 mm）、新中国成立后广建水库的时代背景和数百年黄河夺淮对淮河水系的影响等多个方面展开内容，分析了造成这次惨烈的台风灾害的原因，让学生体会到了极端天气事件与社会发展的关系、人类文明和自然变化的相互作用等，引起了学生的极大震动和思考。

四、始终让手段服务于目的

这是一个科技飞速发展的时代，各种信息手段的发展日新月异。将课堂知识以学生喜闻乐见的方式进行展示，更能引起学生的共鸣，拉近与学生之间的距离。我在课堂授课中，结合雨课堂教学软件工具的使用，通过弹幕和课堂测试等方式督促学生学习，还用当下的一些流行语，把自然科学逻辑严谨的术语深入浅出地进行解释，一下子引起了学生的关注，从而调动了课堂气氛，学生的学习热情高涨了，课堂效率也就提高了。在这个过程中要注意的是，课堂气氛的调动是在保证课程内容科学性和完整性的基础上进行的，不能把课程过分通俗化，而失去了课程的科学性意义。学生上课时眉飞色舞，课后把知识忘得一干二净，也不是课程的目的。

五、努力把老师的课变成学生的课

"科学认识天气"这门课探索利用了网络平台开展教学活动，实践了清华在线网络平台、Bb 平台、智慧树平台、微信群等常见的网络交流方式，这在一定程度上提高了教学效果。2018 年秋季学期以来，我以学生的需求和思考为出发点，依托 Bb 平台，通过课前发布预习任务、课后进行问题讨论，将课堂与课下学生活动联系起来，逐步实践翻转课堂思想，进一步探索线上线下相结合的混合教学模式。教学改革的重点不在于教学方式的改变，而在于提高最终的效果。

六、最好的效果是学生的成长

课堂效果好的课程，必然是老师对每一位学生的学习和思想状况都有很好的掌握。在第一堂课上，我就让学生填写学情表，借此了解学生的专业背景、爱好特长、课程的学习兴趣和目标，并把学生分为若干学习小组，讨论制定小组学习目标和分组作业,通过学生反馈和面对面交流了解学生的学习动态。课程结束后,我会让每位学生对照自己学期初制定的学习目标,反馈上课效果。

课堂是知识和学术交流的平台,更是情感交流的平台。课程里不仅有知识,还有对生活的热爱和对学生的情感。"世有光明,吾向往之;世有真善,吾践行之。"当我们能从更广的角度多思考一些时,课堂也许就会变得更加有意思。我珍视与每一个学生的感情。课堂上,面对求知若渴的学生,我努力传道授业解惑;课堂下,我也愿意与学生打成一片,亦师亦友。"无论是在课堂上还是在课下,我愿意做学生的大朋友。如果我课上或者课下讲过的一个知识点、曾经说过的一句话,对他们的学习乃至人生产生了积极的作用,那我就很知足了。"

问渠那得清如许？为有源头活水来

刘珑龙*

参加学校的本科课程教学评估工作对我来说是很熟悉的一件事。在2000年的秋季学期，我还是一个只有五年教龄的年轻教师时，第一次参加了学校的本科课程教学评估并获得了优秀等级。2018年，我第二次参加了学校的本科课程教学评估，很幸运，再次获得了优秀等级。两次参加课程教学评估的经历让我对课程教学评估的作用深有感触。

一、评估考察内容更为全面

首先，学校会组织专家去听参加教学评估的教师的课，通过课堂教学情况了解教师教学工作的质量，对教师进行考察，从而实事求是地、公平地对教师的教学工作做出准确的判断。其次，检查教师的教学资料，观察课堂教学活动和教学氛围，评判教师对教学内容的理解和表述，等等。2000年参加评估时我用板书上课，当时只提交了一份教案作为评估资料；2018年参加评估时我用PPT上课，而且准备了两版PPT分别用于课前预习和课堂教学，建立了用于师生交流的课程QQ群，并按要求提交了课程讲义、案例设计、作业、期中考试卷子等教学资料，可以说做的工作比2000年多了很多，忙碌了很多，但忙碌的同时也

＊ 刘珑龙，中国海洋大学数学科学学院副教授，2018年秋季学期参加学校课程教学评估。

给我带来了很多收获。

二、积极推进问题驱动的启发式教学模式

当前的中小学教育模式究其根本依然是应试性的。大学生已经习惯了中小学的应试教学,他们最熟悉和喜欢的学习方式就是死记硬背,不喜欢动脑思考。这种情况下,如何调动学生的学习积极性成了重中之重。为了激起学生学习的内部动因,我不断探索改进教学方法,坚持问题驱动的启发式教学模式,同时注重学生思维的连贯性与整体认知,注重教学的短期效应和长期效应,在教学过程中培养学生逻辑思维和抽象思维的能力,从而提升其分析问题和解决问题的能力。

实施启发式教学的主要方法就是问题驱动,让学生带着问题学习。那么,如何设置问题就成了关键,问题太简单,没有意思,学生也不愿回答,他们会认为太无聊、不值得一答,回答这种问题太没面子,老师提这种问题太幼稚。所以,如何设置问题是门大学问!教师对教学内容的理解深入透彻、教学积累丰富才能设置出好问题,即让学生动脑思考、拐个弯儿能想出答案的问题才是好问题。本课程设置的问题基本分三个层次:第一个层次是"本章问题",即每一章要解决的问题;第二个层次是小节间过渡的引导性问题;第三个层次是每节中解决的具体问题。课堂上使用的PPT以关键字和引导问题为主,促使学生积极思考,对回答问题表现好的学生,教师及时给予表扬!

三、注意知识体系的梳理、衔接和贯通

如何保持学生思维的连贯性和对课程内容的整体认知?要注意各章节的衔接,温故知新,使学生保持思维的连贯性。为了使各章节能够很好地衔接,可采用问题引导过渡。上课时教师要先回顾一下上一节课的内容,让学生的思维有连贯性,也让讲授的内容系统化;快下课时,总结一下本次课的内容,如果有时间,可以简单说一下下次课要讲的内容,为下一次课做铺垫,也让学生的思维进行延伸,这样,学习效果会更好一些。不同的课程适用的教学方法会有不同,在此对微课堂形式持保留意见,我认为数学类课程使用此方法不一定合适。因为当知识被肢解成很小的模块后,模块的学习成本虽然降低了,但接口的成本却上升了,如何将零碎的知识集成起来?如果不能集成起来,那如何保证对知

识的整体认知?

四、让课程教学更贴近生活

对于抽象难懂的知识可采用情景分析和联想类比等教学方法,帮助学生理解问题,但要注意不能过度解释,防止代替学生的自我思考。

在多年的授课中,我不断累积生活中各种对理解问题有帮助的例子。比如,偶然的机会,我发现青岛 58 中门前利用信号灯实现学生过马路的机制与教学内容中的利用"记录型信号量"实现"读者－写者"问题的机制几乎是一样的,每次讲解这部分内容时,举这个例子都很受学生欢迎,对学生理解问题帮助很大;又如,每次讲解"死锁"的概念时,都由市区里伊春路与南京路十字路口堵车的例子引出,学生很感兴趣,接受效果很好,一下子就理解了"死锁"的概念。把抽象复杂的问题映射到日常生活中通俗的例子上,让学生从另一角度理解问题,往往会取得事半功倍的效果。这么多年,我收集了大量生活中常见的例子,也确实起到了辅助教学的效果。我有时候想,要不要编写一本教材,把这些例子都放进去,写一本深入浅出、通俗易懂的教材?可转念一想,太通俗易懂会不会影响学生抽象思维的提高?都说教学是一门艺术,确实如此,教学是一门讲究"度"的艺术,教师解释不到位,不能起到为学生解惑的作用,而过度解释又替代了学生的思考。

五、强化课程教学管理

课程教学评价指标体系有很强的导向性,包含了素质教育的体现、教学活动的安排、教学任务的完成、学生学习水平的提高等。这督促我不断思考如何在教学中培养学生的自律性、提高课堂效率。考虑到大学教学的特点,我一直强调课堂上的契约精神。在学期刚开始时,教师应宣布课堂纪律并在整个学期严格执行,比如,课堂上不许看手机、不许说话,如果有人在课堂上违反纪律,教师应及时制止并批评。

教师是课堂的灵魂,教师对教学应充满热情,花精力备课,认真钻研教学内容和教学方法,负责提供高质量的课堂教学;学生负责认真学习,应在课前认真预习、课上认真听讲、积极思考、积极回答问题、完成课堂测试,课后及时完成作业、及时提交作业。我们不能把大学生还当成中小学生来授课。无论采用何种教学方式,讲解也好,小组讨论也好,教师要能控制课堂的节奏,课堂应始终在教师的掌控之下,课堂应该是严肃活泼的。

六、课上教学与课下自主学习结合

因为本门课程学习难度较大,而且学生的课下时间有限,学生的学习能力也有限,所以,我以课堂教学为主,尽量在课堂上解决问题,强调课堂教学的效率,不把问题留到课后。但是,不可能所有学生都能在课堂上把所学内容弄懂,为了方便给学生答疑,我建立了106人的QQ群。我在上课前将一版内容较多的PPT放在课程群里,供学生预习用,下课后,在群里发布作业和课堂测试的答案,并随时为学生回答问题。学生可以在群里接收作业、提交作业,随时向老师提出问题,并得到解答。

七、强化过程监督评价,激发和调动学生的学习积极性

教师如何能调动学生的学习积极性呢? 有一次,我与学院去台湾地区某大学交流回来的本科生聊天,问她台湾学生的学习状态如何时,她说:"台湾地区的学生平时学习很用功,期末很轻松,因为他们每周都会有测试,很多课期末没有考试,最终的成绩就是将平时每周测试的成绩做一个加权和。"受台湾地区大学教学工作的启示,本学期我们每周都有一个5~10分钟的小测试,不仅能及时检查学生学习情况,还能收集典型的错误问题,同时,测试成绩要计入综合成绩。科学的评价体系能够很好地调动学生的学习积极性,这一举措的效果真的很好,103人的班级,每节课学生几乎全部出勤,上课纪律也很好,没有人看手机。听说有的老师上课前会把学生的手机收起来,作为一位老师的教学风格,我觉得这无可厚非,但要作为通用模式实不可取。兵法云:上策伐谋,不战而屈人之兵! 大学生上课要被收手机,实在是没办法的办法,实乃下下策! 如果我们改变一下评价规则,让学生更加重视过程学习,那么上课时自然就没人看手机了,岂不更好! 所以,学校应进一步放权,让教师可以自主采用评价方式,把更大的权重放在平时测试上,以督促学生认真学习,此乃上上策的伐谋之举!

在本次教学评估中,我收获很大。以前的课堂是关上门师生自己的世界,参加评估的学期专家光顾课堂,所以,师生的存在感满满。参加评估让我的状态重回巅峰,可以以最饱满的热情投入教学中,并对教学工作进行重新认识和

总结,不断学习新的理念,提升创新意识,坚持每次上课前都要对案例及 PPT 进行更新和优化,在课堂上为学生介绍本领域的最新研究进展。不过,文案性的工作太多,确实也倍感辛苦!但这一切都是值得的!对于老师们在评估学期匆忙采取翻转课堂、微课堂、雨课堂等做法,我持保留意见,不想将一些自己还未经实践验证的手段贸然应用于课堂,我认为应汲取思想,而非学习形式。总之,适用的就是最好的,无须为方法而方法。

　　问渠那得清如许?为有源头活水来。通过两次参加学校课程教学评估,我深深体会到课程教学评估起到的作用,其不仅能评估教师工作的质量和水平,发现教学工作中存在的问题并及时提出改进建议,而且能起到"以评促建"的作用,促进教师不断更新教育观念和内容、明确教学目标、改革教学方法;同时,课程教学评估还能够向学校有关部门反馈意见,加强教学管理,优化监督机制,完善各种教学保障。

在"跆拳道"课程教学中不断探索前进

刘　蕊*　■

　　我承担的"跆拳道"课程于 2018
年秋季学期参加了学校的本科课程
教学评估，虽然现在已经过去了五
年，但评估于我而言是特殊的。它让
我时时感激，又让我时时警醒，激励
我在"跆拳道"课程教学中不断探索，
精益求精。

　　作为一名公共体育课程教师，我
一直积极倡导和努力贯彻体育教学"身体、审美、道德、智慧、知识"五大人格要
素统一体的教学理念，在"跆拳道"课程教学中除了教授学生掌握跆拳道的基本
技术技巧外，还努力言传身教，帮助学生领会蕴涵在"跆拳道"中的体育精神。
跆拳道项目重视"礼义、廉耻、忍耐、克己、百折不屈"的精神，我努力从中挖掘课
程思政元素，结合跆拳道精神自编讲义，将这些融入课堂，坚持道于技先，努力
提升育人效果。我还在课程教学过程中反复推敲，探索创新教学模式，优化教
学设计，注重丰富教学方式方法，寓教于乐，营造严肃活泼的课堂氛围，努力提
升教学效果。在教学过程中，我坚持有教无类，因材施教，让自己真正融入课
堂、走进学生中，鼓励学生发掘自己的潜力，深入领会体育精神，引导和激励学
生从"我不行""我尝试"到"我可以""我很棒"，帮助学生树立战胜一切困难的信
念。同时，我一直尝试打造"笑"与"汗"并行不悖的体育课堂，"笑"体现为快乐
教学，"汗"体现为有效教学体验和收获。心中有爱，眼中有学生，通过自己的率

　　＊　刘蕊，中国海洋大学基础教学中心体育系讲师，2018 年秋季学期参加学校课程教学评估。

先垂范,传播了科学精神、体育精神,使学生更好地掌握了竞技知识和技能。我努力以自己的专业、敬业去赢得学生的尊重,激发他们的兴趣。

虽然"跆拳道"是一门体育课,但我们所追求的不单单是提高学生的身体素质和技能水平,而是把"实现学生全面发展"作为最终目标。在这门课程的全部教学活动中,我努力把这一运动项目中所蕴含的精神价值融入教学实践中,在对理念、知识的诠释和对技术、技能的传授过程中,进一步涵养学生的精神,帮助学生在掌握跆拳道专项技能的同时,潜移默化地提高自身的思想水平、政治觉悟、道德素质和文化素养,实现学生的自由全面发展。

开课以来,在各位前辈专家、领导同事的热情指导和悉心关怀下,我不断摸索改进,学生参与课堂学习的积极性空前高涨,"跆拳道"课程也于2018年秋季学期在学校课程教学评估中获评优秀等级。2019年春季学期,本课程作为学校组织的示范观摩课,接受了来自不同学科专业的数十位老师的现场教学观摩。这是学校体育课程首次成为示范观摩课程,也是我起初所不敢奢望的。

回顾参评过程,各位前辈和专家的指点给我带来了许多课程建设的创新思路。学校教学评估专家常设委员会主任管长龙教授在听课后曾对我说,这次听课让他很受震撼,深受感染,也有很多的感慨。他认为体育课程中所蕴含的价值与精神元素在授课过程中有很好的体现;同时,他也希望我能立足"跆拳道"课程自身的特点,把课程中蕴含的人文精神与价值意义更进一步深度发掘出来,并在教学实践过程中传播给学生。他的肯定让我深受鼓舞,也大受启发,从而进一步思考课程教学目标,认真打磨每一次课程的教学设计。

课程教学评估结束之后,我还收到了学校教学评估中心发来的统计数据、评估专家的建议、学生的评价。专家所给予的切实中肯的建议是我今后努力改进的方向,学生表达的对课程的喜爱则让我倍感欣慰和振奋!想想这一路的探索、学习、改进,想想这几年的笑声、泪水、汗水,想想每一步的坚持、努力、拼搏……我百感交集,同时感到所有的付出都是值得的!

依稀记得早几年,正处在孕期的我挺着大肚子来学校上课。之前上过"跆拳道"课程的学生知道后就自发组建了微信群,商量着合理安排课余时间,主动担任"跆拳道"课程"助教"。他们"谆谆"告诫我:"刘老师不要老想着亲自示范踢腿,你还有我们!""苦口"提醒我:"大家在竞赛游戏时,您不要离得太近,万一撞到肚子里的宝宝可怎么办!"2015年的冬天特别冷,小宝宝出生的那天下了很大很大的雪,据说是青岛 30 年来最大的一场雪,窗外很冷,可我的心很暖,我为宝贝起了个好听的小名——"海洋",因为他一直被海大的学生关爱着。作为一名普通的体育老师,能被身边善良的学生爱着、关心着、保护着,对我而言就是最大的幸福!

每学期在课程教学即将结束时,我都会要求学生就一学期以来的课程学习情况进行书面总结,同时对课程教学的进一步完善提出意见和建议。在短短几年的执教历程中,有不少学生的话令我感动,同时也成为我继续前行的原动力。

有学生写道:"不论遇到什么样的困难,逃避永远是没有用的。体育从不是我的强项,它常常让我感到恐惧,想要逃避。我经常因为它给我造成的种种小小的不舒适而放任自己,放任自己退回自己的舒适圈。刘蕊老师却告诉我,不可以,你明明还可以坚持,就不要轻言放弃。如果不努力尝试,永远也无法进步。这颠覆了我三年来对大学体育课的认知,原来体育课不是可以偷懒混过去的课,它不但教会了我跆拳道的技艺,更让我得到了成长。"

"'跆拳道'课是我上过的最认真的体育课,说白了,更可能是我大学生涯里最值得回忆的课程。最后一次课真的舍不得! 怎么说呢,整个学期我上完英语听力课就会迫不及待地往跆拳道馆狂奔,这种快感还没体验够呢。刘蕊是个好老师,超喜欢她,希望学弟学妹以后选'跆拳道'课时也会喜欢上她,一定会的。"

"'跆拳道'让我明白了精神力量的重要性。大半学期的练习,就让我能自如地做出那些很有力量感的动作,对于有气质和天赋的学生来说是手到擒来的,但对我而言是挑战和突破。我决心粉碎过去那个怯懦的自己。选择做自己以前不敢做的事情何尝不是一种成长呢?'跆拳道'让我得到了锻炼和成长。"

"想说'跆拳道'课真的很值得! 课堂中挑战和快乐并存,上课氛围又紧张又活泼,每位学生又努力又可爱。刘蕊老师奇妙的人格魅力会带动所有人的情绪。我为什么上体育课都这么幸福呢?"

通过学生的评价,我更加清楚了课堂中需要坚持、发扬的优点,也了解了需要调整、改进的不足。这些评价不仅是我身为教师的幸福源泉,也时时刻刻提醒我不忘初心,既要教好书,又要育好人。

近几年,我一直在努力积极进行课程教学的改革探索,更为重视知识传授、技能培养、素质提升三者之间的相互融合,充实教学内容,丰富教学方式,既强调学生对体育基础理论知识的学习和掌握,又注重提高学生运用运动技能的能力,同时注意强化体育精神、意志品质的培养,从而提高学生的综合素质。在学校的大力支持下,我已完成"跆拳道"课程技术教学视频资源的录制工作,并基于线上视频资源构建了"跆拳道"课程混合式教学平台。目前技术教学视频资源已发布在学校在线教学平台上。学生通过丰富的线上教学内容的学习,不仅可以缩短课堂理论教学的时间、增加课下体育锻炼的机会,调动主观能动性,进一步提升课程实践参与度,还能通过匹配不同的课程等级和学习难度,更好地激发学习兴趣。线上与线下教学的科学有机融合,把课前、课中、课后的内容充分联合,实现高效统一;同时,通过与线下课程教学进度、深度匹配的线上资源配置,解决了传统线下教学课程间隔周期长、所学内容难以牢固掌握的问题,有效提升了教学效果。

"完全人格,首在体育。"体育不仅是强身健体的方式,更是促进人的身心和谐发展、培养人文精神的重要渠道。作为一名体育人,作为一位正在成长中的年轻教师,推广校园体育文化,普及体育知识,强调"习武先习德",健身又健心,是我的责任,也是我义不容辞的义务。

做一名好老师,我依然在路上!

一位老教师的评估收获

李岂然 *

2019 年春季学期我的课程"生物统计学"参加了学校组织的课程教学评估工作,经过备评、迎评、观摩、讨论、专家指导、学生评议等评估环节,感受颇多,但归纳起来就一条:参评确实达到了以评促改、以评促建、有所提高的作用和效果。

因为参评,放下了心爱的粉笔。放下的不是传统,改变的只是习惯。一直以来,我总是顽固地觉得上课怎么能不用粉笔呢?特别是逻辑性很强的数理推导以及需要向学生展示辨识事物的思维过程时,PPT 太呆板了!现在我知道了,原来 PPT 不是那样做的,不用粉笔没什么不行的。只是你要花心思设计好页面的布局和 PPT 的动画,控制好节奏。

因为参评,开始尝试 PPT、Bb 平台、微信群、学生助教等教学手段。我觉得这些手段最大的好处是节约了课时,提高了效率,这才发现粉笔板书太慢了。我把节约出来的课时,全部用在了实际操作上。过去讲统计图表只能是概说,给一些示例,大量的课时是在进行低级数值运算,习题课也只能讲讲思路。课后练习布置下去,凭的是学生独立完成练习的自觉性和认真性,鼓励学生使用统计软件,但绝大部分学生还是用手工的方式,作业质量不高,我也很无奈,可我没有学时给他们另开一门课。改用 PPT 后,教学效率提高了,学时就有了

* 李岂然,中国海洋大学海洋生命学院教授,2019 年春季学期参加学校课程教学评估。

"富余"，于是就可以引入 EXCEL 和 SPSS 了。这在放下粉笔前是无法实现的。这把学生从枯燥的、烦冗的数值运算和手工绘图中解脱出来，使学生的数据处理能力有了很大提高，提高了学生的获得感。在课堂上，你看到的不再是学生呆滞的目光，而是惊喜、愉悦和兴奋的表情，可以更多地听见他们的情不自禁……这种表情我学不来，但我知道，那是他们特有的表达"原来是这样、明白了、成功了、高兴了"的一种方式。我自己感觉也不像过去那么累了，感觉很轻松。

过去我在课堂上与学生的互动主要通过一些特设的问题，通过眼神，目的是抓住学生的注意力和思维，更多的是我的自问自答，是引导性思维。现在我有充足的时间让学生自己想、自己说，是开放性思维，通过我问你答、你答他评、他评你辩，实现了"我来看看、自己看看、相互看看"，学得怎么样，掌握到什么程度，鼓励学生找差距抓落实。这有利于学生及时掌握所学内容，提高统计思辨能力，进行主动学习。不然的话，轮到由他来说的时候说不上来，那是要站一会儿的，是要红红脸、出出汗的。

观摩教学是一个很好的环节，真是三人行必有我师焉。学院的金玉丽老师的 PPT 动画设计、赵君老师的 PPT 色彩搭配和对课堂时间的把控、梁宇君老师上课的方式，对我来说都极具借鉴价值，值得学习。

要善于倾听评估专家的意见。专家发现问题到位，建议措施到位。专家的赞许、对课程目标的要求、对课程内容增减的建议以及点拨的一些小技巧令我受益匪浅。

因为有时间和学生互动，多了对学生的了解，他们都是好孩子，活泼、热情、谦虚、有礼、勤奋、好学、敢想、敢说。我发现他们动手能力很强，SPSS 上手很快；接受能力也很强，在课程的中期，多数学生的统计思维方式已经建立。因为参评，有了学生评价环节，我可以知道学生是如何评价我的。非常感谢学生给我打了高分，但我更关心给我差评的学生的具体意见和建议是什么，因为我想做得更好。

为教学合理"增负"

周丽芹 *

在"数字电子技术基础"课程教学过程中，我在以下几方面进行了实践。

一、潜心研究教学内容，精心设计教学案例

（一）理论联系实际

电子技术是一门应用科学，在授课中我注重与实际应用相结合来讲授电路和器件。例如讲到"计数器"时，会指着挂在教室墙上的电子时钟，边讲解任意进制计数器改接的方法，

边引导学生思考电子时钟的设计；讲授单稳态触发器时举走廊灯的声控装置为例。通过这些具体实例，学生了解了电子技术在生活中的具体应用，感觉学有所用，而不是空学理论，认识到原以为身边很多高科技的东西其实自己也可以设计，增强了专业学习的信心和热情。

（二）强化系统观念

我在授课过程中注重知识的联系性、系统性，结合"电路原理""模拟电子技术基础""单片机原理及应用"等课程，讲解相关知识点，增强学生对知识点的理解与应用。例如，讲到晶体管的开关作用时拓展到应用于模拟电子技术中的放大作用；讲到译码显示器时拓展到单片机原理中的动态扫描技术。通过课程群

---

* 周丽芹，中国海洋大学工程学院教授，2019年春季学期参加学校课程教学评估。

中知识点的交叉联系使学生建立系统观,为后续课程的学习奠定基础。

(三)开展课程思政

我在讲课中适当穿插思政元素,根据课程内容特点在爱国情怀、专业素养、哲学思维等方面挖掘思政案例,在授课过程中有机融入。例如,在计数器环节介绍古代"计程车"——"记里鼓车"和古代计时工具——"铜壶滴漏"的结构与工作原理,使学生了解古代人的智慧,传承中华优秀传统文化,增加民族自信;介绍我国半导体技术和芯片制造情况,使学生了解我国与科技强国还存在着技术方面的差距,明白"自主创新,核心科技"是强国重器,增强科技报国的使命感。

二、采取多样化教学手段,提高学生学习效果

(一)雨课堂激活课堂活力

雨课堂提供了课前预习情况、课中掌握情况及课后统计情况的数据,对于激励学生学习积极性和提供教学决策起到了很好的作用。利用雨课堂软件平台进行随机点名回答问题和课中知识点测试,一方面能够督促学生始终紧跟老师的节奏,另一方面可以随时了解学生对知识点的掌握情况,对答错较多的题目再重点进行讲解。同时,我利用雨课堂功能把全班学生随机分为 20 个小组,以小组为单位开展研究性学习。

(二)仿真软件提高学习兴趣

在授课过程中,我使用了虚拟仿真软件 MULTISIM。这个软件能够把设计思路变成可运行的电路图,而且界面直观,学生非常喜欢。在讲授完每个电子器件后,我都会展示仿真电路,验证功能,理论和实践紧密结合。有时候我让学生带着笔记本电脑到课堂,讲完设计方法后让他们立即进行仿真实践,并请做得又快又好的学生上台演示。仿真实验不受时间和空间限制,一台电脑就可以完成,大大增加了实验的灵活度,提高了调试效率,降低了实验成本。

(三)项目设计培养创新思维

结合课程内容,我布置了五个综合性设计项目,学生以小组形式进行方案论证、电路设计、仿真调试、报告撰写,通过电路设计和调试,开拓创新思维,增强系统设计、分析问题和解决问题的能力,设计报告的撰写培养了学生文档写作的素质,小组合作的方式也锻炼了团队协作、交流沟通的能力。针对五个综

合性设计项目,我在课堂上随机抽取小组走上讲台进行展示,讲解设计思路,分享设计经验和体会。

三、构建课程质量保障体系,夯实学生学习效果

(一)建设内容丰富的学习资源库

本课程全程录制了授课视频,上传百度云盘,供学生预习、复习;建设了仿真教学案例库用于课堂演示,生动形象;建设了 FPGA 技术学习网站,供学生课后自学;开发了五个综合性设计项目,拓展学习深度,实现"做中学";形成了历届学生不同设计方案的项目报告及分析,作为多样化教学案例与学生分享并分析其在实际工程应用中的优缺点;在 Bb 平台上创建了 100 余道课前课后测试题,确保预习、巩固落到实处;推荐国家慕课网站,拓展学习资源。

(二)构建多渠道成效反馈机制

课程采用了多种答疑方式,无缝对接,课间和课后学生可以随时上讲台问问题,当堂解决。在班级建立了课程 QQ 群和 20 个小组 QQ 群,我进入各 QQ 群中,对学生遇到的问题进行答疑。很多学生用 QQ 单独与我联系,无论多晚只要我在线,都会耐心给予解答。每章内容结束后我会通过雨课堂发放调查问卷,针对教学手段、学习方法以及每个知识点的掌握情况进行问卷调查,通过了解学生情况及时进行教学调整,持续改进。每次学生做完实验后,我会询问实验教师实验的情况,对于共性问题,在下次课堂上及时进行讲解。

通过评估,我深刻感受到教学研究永无止境,随着教学理念、教学方法、教学手段不断革新,课程教学必须与时俱进,没有最好,只有更好。在用 PPT 备课中,我深有体会,不到上课时间,PPT 好像永远也改不完。另外,让我感触比较深的是学生的潜力和能力,布置的五个综合性设计项目均有一定的难度,但是学生通过课堂扎实的理论学习,课下资料查询、小组研讨不仅完成了基本任务,还给出了多种设计方案,真正体会到了合理"增负"、提高学业挑战度带来的学习效果。

让教学在如海的课堂内外航行

梅 宏 *　■

我在高校法学院主讲"国际私法"课程已有 16 年,经历了初为人师时的悸动、第一次参加海大课程教学评估获评优秀时的意气风发、十年后再次参评志在必得的轻松淡定。如今,当这门课程先后获评山东省一流本科课程、山东省首批"课程思政"示范课程、国家级一流本科课程之后,

我依然乐此不疲地执教这门"法学院最难的课程"。热爱,是一次次接任课程时的愉快;热爱,是走进教室、面对青春面孔时涌动的情怀;热爱,是 16 年来让教学在如海的课堂内外航行。

一、"大波涛""小波浪"相间,合理调节教学节奏

一节课,我能做到妙语连珠、句句珠玑地从头讲到尾吗?学生能聚精会神、求知若渴般地听我满堂讲吗?自知不能,我就尝试调节教学节奏,让 50 分钟呈现"大波涛""小波浪"。

以"国际民事司法协助"一章的教学为例,上课伊始,我先以 PPT 上的漫画引导学生理解携赃款出逃的贪官即便到了美国,也会因中美两国基于司法协助协定联手合作而难逃法网。学生的兴趣被调动起来了,于是我稍做停顿,对学生说:"司法协助不仅存在于国际刑事案件中,也普遍存在于国际民事案件中。

* 梅宏,中国海洋大学法学院教授,2019 年春季学期参加学校课程教学评估。

本节课要讲的就是'国际民事司法协助'。"

在用中英文诠释了基本概念及其特征之后,我及时安排一则案例,让学生再回味一下概念,并由案情引出"域外送达"这一新内容。讲到这里,PPT 上展示出"我国向外国送达司法文书的七种途径"这一标题,我适当放慢语速,以循循善诱的方式开始讲解每一种途径及其相关规定。课堂教学中,一个"大波涛"就这样出现了。之后,自然有个间歇,组织学生讨论"域外送达"中涉及哪些机关,这些机关有什么特点。接下来,我引领学生从法理上分析"国际民事司法协助的目的"。理解了这个难点后,教学不仅再次回到主线上,也与上一周学过的"国际民事诉讼管辖权"联系起来。一节课的高潮,在此掀起。

课堂教学需要"波峰""波谷"相映成趣;需要"大波涛""小波浪"相间,彰显教学波澜;需要调整、安排好教学内容,然后收放自如地展示。俗话说,文似看山不喜平,同样的道理,教学过程也需要高低起伏、张弛有度。

二、专业话语讲授与生活化语言解说的合理搭配

教师通过在课堂教学中准确运用本学科的术语,以法言法语讲述深刻的国际私法原理,而学生通过上课和课外交流获得规范化教学的熏陶,从而逐渐形成一定的学术素养,形成法律人在谈论专业问题时的话语风格。法学教师的课堂讲授应当自然地体现专业特色,体现严谨的逻辑和敏锐的思辨。当然,过犹不及,如果教师教学语言太书面化,让学生感觉像教材一样严肃,课堂教学也将失去生动性。因此,将专业话语讲授与生活化语言解说结合好,同时在进行理论分析时不妨穿插一些轻松、风趣的生活化语言,反而有助于增强授课效果,会让课堂教学给学生带来更多交流的感觉,无形中拉近了师生的距离。

我在讲述"航空旅客运输索赔案"时,即兴说道:"大家想一下,2000 年 12 月 31 日夜晚,可不是一个普通的夜晚,那是新世纪的前夜!谁不想赶在这个夜晚与家人朋友团聚?天气原因造成航班延误,这个航空公司可以不担责任,但是,旅客被迫滞留机场,是不是完全就该旅客自己买单呢?"如今,许多学生都有乘坐飞机的经历,这样的解说有很强的代入感,一下子就让学生进入了角色。

三、让经久不忘的案例角色化身为这门课程的代言人

在课堂教学中适当地穿插案例讲述段落,有助于增强教学内容的表现力,

使这门理论性很强的专业课不仅能够以理服人,也能产生以情感人、以趣味性吸引人的效果。

在讲述"国际私法的基本问题"时,我以"谢远芳女士的遗产继承案"展开案例教学。我以讲故事的方式叙述案情——在国际民事诉讼中,法律冲突问题需要解决。解决好了,有利于维护当事人的民事权利;解决不好,法律适用不当,老太太的遗产就成了活埋她的不孝儿子坐享其成的继承所得。PPT上展示了本案适用马来西亚继承法和适用中国继承法的不同后果,体现了两国的法律冲突,也揭示了本讲的主题"国际私法的基本问题"。

我的"国际私法"课程中有很多经典的案例角色,诸如为谢远芳女士救命的忠犬阿黄,李伯康与前妻范素贤、后妻周乐蒂的半世不了情,向大连市中级人民法院申请承认日本判决的五味晃,在内地打官司的香港夫妻谢亮森与李健敏……这些案例中的人物不仅串联起诸多国际私法知识点,而且化身这门课程的代言人,想起他们就会想起课堂上融情于法的演绎和学生热烈、持久的讨论。

四、培养学生提问、评论和参与的勇气

师生互动是课堂教学的生命力。我觉得,课堂上不能只有教师一个人去唱独角戏,台下有那么多鲜活的面孔、青春的身影,为什么不让他们参与呢?学问,学问,贵在学中问,问中学。学生是教学的接受者,也是教学的创造者。学生的创造力,需要教师的合理引导。

尝试这样做,起初是有难度的。学生不主动站起来回答问题的原因很多,或因不习惯,或因不情愿,或因不敢;教师呢,也会担心冷场或拖延时间。于是,我鼓励学生,你们是课堂的主人,没听明白、想质疑或是还想深入了解时,就站起来发问,大胆地表达自己的想法;并且开导学生,不要忽视日常的锻炼,课堂上的提问、评论和参与讨论,不仅有助于学好这门课程,也有助于适应将来的法律职业工作。

经过几次努力尝试后,情况明显改观。课堂上不仅有我提问,还有学生主动站起来质疑。一次,数位评估专家进课堂听课时,一位女生听我讲了一段法律规定后,主动站起来说:"老师,这个问题,您看我这样理解对不?"……这样的交流真的是引人入胜!头脑,不是被填充的容器,而是被点燃的火把,我的教学应当照亮学生致思的路径。

后来,我组织学生围绕课程内容进行了模拟国际商事仲裁,又在模拟庭审中解决"外国法院判决的承认与执行"问题,还开展了国际私法理论问题课堂讨论、案例分析,学生兴趣高涨。

五、学生的反馈

一学期下来,我和 110 位大学生日渐熟悉。看着学生对我教学工作的反馈,我感动并欣慰。

学生严嘉琪:"我们提前被告知并浏览学习了课程网站上相应的材料,这让我能够更好地理解上课时老师讲授的内容。我觉得在上课的前一天能够通过线上教学平台将正式上课的材料内容公布,然后学生在线上预习并提出自己的问题,和老师提前在线上交流,这种方式很值得提倡。这门课程最大的特色就是强调课堂的参与性,老师只是一个引导者,而学生才是这个课堂的主角。在课下通过和老师交流沟通,每一位学生都能够在老师的指导下完成一份属于自己的专题作业,然后可以在课堂这个舞台上进行展示汇报。令我印象最为深刻的就是法律情景剧的展示,我想,只有当自己真正融入剧中,真正参与进来,才能得到别人无法拥有的独特感受。"

学生赵婉琪:"我开始感到老师的关怀是在我第一次主动回答问题的时候,老师在肯定我的回答时提到了我的名字,这让我很惊奇也很欣喜,因为在此之前仅与老师有过一次交流,老师便记住了我。后来老师还在小组的课堂反馈中写道:发言很赞。我记得当时看到这四个字内心像泛开涟漪般小小地激动。有次课间我正在喝水发呆,老师从我身旁走过对我说要'举手发言哦'。可能也是因为老师的这句提醒,我于是有了自己的第二次发言,老师夸赞我已经从一开始的紧张转变为娓娓道来了。老师就是这样毫不吝啬他对我们的赞美。有学生想要回答问题时他会幽默地说,课堂上怎么能少得了某某同学的发言呢;我们做完小组展示后,老师会将其他学生的好评截图发给我们。老师在给我们带来一场又一场视听盛宴的同时,还用他的鼓励带着我们融入他的视听盛宴中,而不是让我们仅仅作为教室里的听众或旁观者。"

学生李新宇:"至今还觉侥幸。我本应该是一介本科生中最不起眼的那个,却因为一篇学习心得被老师赏识,甚至可以作为本科生参与科研项目,对我家乡的产业进行调查。一直以来我有志于学术,但从没想过,我这样一个在课堂上不甚积极、成绩不甚突出的学生,能被老师亲手点拨提拔,于本科阶段参与一直向往的学术研究,实在是从不敢想,又庆幸之至。"

一学期的教学评估活动,使我受益良多。因为很多启发是在特定场合获得的,很多认识是被激发出来的,很多专家、老师是我在参加这次教学评估之后才有机会当面交流的。而这些收获以及我因之产生的感谢之情,是长久的。

"彩练"扬波,"互动"弄潮,"港湾"逐月华,教学在如海的课堂内外航行!

耕好歌剧美育的责任田

邹威特 *

中国海洋大学具有深厚的戏剧传统，早在 1932 年就成立了"海鸥剧社"，赵太侔、洪深等著名戏剧家都曾在此任教。2005 年，海大艺术系成立，同年我入职海大。在这曾经大师云集的校园讲授歌剧既光荣又是沉甸甸的责任，这份责任凝聚着"海纳百川"的精神与气质，这份

责任饱含着海大学子对于艺术的探索与追求。

歌剧是一种融合了音乐、戏剧、舞蹈、舞台美术等多种形式的综合艺术，被誉为"艺术皇冠上的明珠"，这也说明了这项艺术的复杂与高端。海大与歌剧相遇会碰出怎样的火花？这是我 2006 年开设通识课程"走进经典歌剧"（2009 年更名为"中外经典歌剧鉴赏"）时的思考。然而，当时大多数学生根本不知道歌剧为何物，更谈不上喜欢。由于中小学美育的长期薄弱，大学生的艺术鉴赏能力普遍不强，应该说远远低于高考科目的认知水平。从育人的角度考虑，学生美育基础薄弱恰恰是教师施展才能的机会——没有美育滋养都这么优秀，补上审美素养一定会飞得更高。歌剧虽然"曲高"，但不能在海大"和寡"。我的教学经验是先让学生多听、多看歌剧：2007 年前后，网络歌剧视频资源很少，我每节课都带 10 张歌剧 DVD 到课堂，希望学生能课后借阅。起初学生只会借走三四张，后来这些 DVD 就都流转起来了，学生归还 DVD 时还会和我讨论一些剧

* 邹威特，中国海洋大学基础教学中心艺术系教授，2019 年春季学期参加学校课程教学评估。

中细节。时至今日,网络歌剧视频资源极其丰富,学生再也不用借我的歌剧DVD了。

在教学过程中,怎样协调教与学的关系呢？育人需要先育己,高水平的教学才能带动学生高水平的学习:教师对于所讲授学科的认知高度,决定着学生认知该学科的视野;教师对于所讲授学科的认知深度,决定着学生在该学科的创新潜力。我深知自己的不足,备课时间通常数倍于授课时间,尽力做到能为学生"解歌剧之惑"。从学的角度,尽可能地和学生多交流,了解他(她)们对于课程的想法和意见。学生普遍希望了解艺术与其生活的关联,我也认为艺术通识教育需要深挖但不局限于艺术本身,需要发现并探究艺术与社会、自然、人生等宏观范畴的关联。因此,"中外经典歌剧鉴赏"课程的教学目标就是在解读歌剧的基础上,以提高学生艺术审美能力为主旨,引导学生发现歌剧与艺术的关联、歌剧与科学的关联、歌剧与大千世界的关联、歌剧与人生的关联。在理论讲授的基础上,我有时还会在课堂上演唱歌剧咏叹调,学生可以现场感知歌剧艺术内蕴的抑扬顿挫、悲欢离合,这也有效活跃了课堂气氛。

正所谓"教学相长",教学工作最大的受益者恰恰是教师本人。通过几年的教学积累,我扩展了对于歌剧艺术的认知宽度,这为我 2013 年考取上海音乐学院歌剧理论方向的博士研究生打下了坚实基础。三年博士学习期间,我曾同时在夏季学期开设"中外经典歌剧鉴赏"课程,博士学习到的知识迅速地在教学实践中运用。2019 年春季学期的教学评估,是学校对"中外经典歌剧鉴赏"课程的一次检验,评估专家从更高的认知视角、教学方法的综合运用、教学气氛的多维建设等方面提出中肯意见,为课程的进一步完善提供了切实有效的帮助。感谢专家的辛苦付出,也感谢多年来选课学生的认可和鼓励。

2019 年 4 月,教育部发布了《关于切实加强新时代高等学校美育工作的意见》的文件,进一步强调了高校美育工作的重要性。这对美育工作来说既是机遇,也是挑战,我将努力耕好自己的歌剧教学责任田,为学校的美育课程建设略尽绵薄之力。

在课程教学中尝试角色转换:从教师到教学研究者

任新敏*

2019 年秋季学期我以"通信电子电路"课程参加了学校的课程教学评估工作。这是我第二次参加课程教学评估,上一次参评是 2003 年,前后对比,感触颇多。这十几年,随着教育理论与实践的深入发展,教学理念、教学方法不断被更新,课程建设和课堂教学的改革创新越来越受到重视。

中国海洋大学教学支持中心举办了很多场报告会,请知名专家、教育学者分享课程教学的新思想、新理念,并推送了很多学习资料。例如,"以学习者为中心的教学理念"对教师、学生的角色定位以及师生关系给出了新的诠释:强调教师不再是单纯的讲授者,而是学生学习的促进者和合作者;强调学生是学习的参与者和体验者;课程学习需要师生合作、互动完成;教师的角色和身份被赋予了更多的要求和期待,是教育教学的研究者;同样,教师所面对的学生也是不断变化的,学生获取知识的渠道更加多样广泛……但怎样融会贯通这些教学理念并在课程教学中实践呢? 怎样设计教学活动才能发挥教师的引导和促进作用、提高学生学习的主动性和参与度呢? 我经过不断思考,并结合课程特点及以往教学经验,从以下几个方面做了尝试。

---

* 任新敏,中国海洋大学信息科学与工程学部电子工程学院教授,2019 年秋季学期参加学校课程教学评估。

一、多种方式相结合,激励学生自主学习

第一,在 Bb 平台上传新课内容预习导学和复习课件,跟踪学生的课下学习;精心设计测试题目,采用雨课堂随堂测验检查,或者让学生课下在 Bb 平台进行复习练习,并将学习结果量化计入平时成绩。学生问卷调查反映:"用雨课堂或者 Bb 测试十分有效,调动了大家学习的积极性……"第二,要求学生课下自主完成电路设计仿真大作业。每个人都要完成一个单元的电路仿真报告,包括问题提出、仿真过程实现、结果分析、总结等环节,与科研项目报告类似。电路仿真设计的第一步是搭建电路、计算参数,计算过程往往涉及前修课程的一些知识点,或者需要学生查阅一些课外资料。仿真一旦出错,要通过查理论、找公式,搞清楚是计算问题还是电路结构本身的问题,从源头上找到问题所在。这个过程中,教师只是引导者和促进者,点评、讲解一些共性问题,而每个电路的具体问题都由学生自己通过查找资料或者课下与老师交流、学生间相互讨论解决完成。这样的教学设计调动了学生的学习积极性,培养了学生自主发现问题、解决问题的能力,学生反馈收获很大、很有成就感。

二、提供更多机会,引导学生相互评价

教师不再是学生学习效果唯一的评价者,应引导学生也参与相互评价。我在布置电路仿真设计大作业时采用分组管理的方式,所有选课学生按照专业分成三个大组,每个大组内的学生自由组合,两人组成一个小组并自主确定一个仿真任务。每个大组内部选出大家信任的六名评议员,并推选一名组长,评议组负责对其他小组的报告进行评分并督促本组学生完成任务。组长负责初步审查本组学生的仿真题目,防止大组内部选题重复;统计本组评议员打分结果;负责与老师之间的沟通;等等。学生和老师共同制定详细的评分标准,最终学生评分和教师评分按照 2∶8 权重计入平时成绩。学生相互评价的过程也是相互学习的过程,前几个展示的小组可能效果不太理想,但能给其他小组提供一些经验教训,避免后面的学生继续"踩雷",所以在评价时一般给这些"先吃螃蟹"的小组评分乘以一个权重系数。学生分组互评确实能够互相促进,仿真报告完成率达 100%,完成质量高,这与组长及评议员的督促有很大关系,合作小组成为事实上的学习共同体。

三、教师不但要教书，更要"育人"

以前虽然我也在课程教学中提到一些思政要素，但没有进行系统化的梳理。本学期我有意识地将"思政教育、立德树人"与课程内容相结合，引导学生思考与专业相关联的诸多问题。首先，在课程教学中融入方法论，例如"要善于抓住重点，集中力量解决主要矛盾或矛盾的主要方面；要学会统筹兼顾，恰当处理次要矛盾……"针对这些问题，我特地总结了各章节电路设计中的相关案例：电路设计应该怎样合理选择某些元件参数的大小，从而兼顾相关技术指标；或者为了提升电路某一方面的性能，不得不牺牲其他次要指标。由此引申：大学生活很精彩，学生要做的事情也很多，需要专注主要问题或者合理兼顾。其次，结合时政热点，进行爱国主义教育和专业教育：由华为首款 5G 芯片发布，强调我国自主研发的迫切性；"互联网＋"、5G 通信技术的发展，归根结底对集成电路、芯片设计提出了更高的要求，同时也为我们专业提供了更多的机会。教师是引领者，不仅仅是专业上的，还是思想上的。

四、结束语

我尝试着以教学研究的方式进行课程教学，把教学活动作为研究对象，取得了较好的效果，学生也带给了我很大的惊喜。有一位学生在自主学习时提出的一个问题是我教授本门课程以来从来没有想过的，就这个问题我连夜整理了PPT，在课堂上与大家进行了讨论、引申，引导学生进一步思考。良好的师生互动更容易让师生间碰撞出思维火花，"唤醒"学生潜在的学习动力。课堂因互动而精彩，学生因自主而发展。

当然，本课程尝试"以学习者为中心"的教学方法，仍有其他一些环节需要进一步思考实践，例如，怎样进行学情分析、如何针对不同层次的学生设计分级考核标准。为此，我申报了学校的教研项目，以项目为依托，开展"以学生学习为中心、以学生发展为中心"的教学活动设计，尤其关注影响学生学习满意度的因素。

学无止境，教无止境，研无止境。课程教学评估虽然结束了，对教学工作的探索、研究却一直在进行中。

互动中启发学生思考,细微处培养计算思维

马　慧*　　■

2019 年秋季学期我参加学校课程教学评估的课程是"离散数学 I",这是一门计算机科学与技术学院的专业基础理论课,也是一门专业必修课。该门课程在二年级第一学期开课,课程横跨数理逻辑、集合论、代数结构和图论,突出特点是概念定理多、证明要求高、抽象特点强,总之是一门难度较高的课程。如何既让学生掌握相关内容,体会数学之美,又为后续课程打好基础,是我一直思考的问题。通过多年的教学实践及一学期课程教学评估期间专家的

深入指导,我更加坚定了本课程的教学目标,即使学生理解离散数学在计算机相关学科的广泛应用,建立计算思维,注重培养学生的抽象思维、严谨规范的表述方式及分析解决问题的能力,为学生的终身发展奠定基础。

一、问题驱动课程设计,启发培养计算思维

培养计算思维,学生将学会如何思考现实世界中的数字计算,更重要的是学习计算机科学家如何思考,关注程序背后的概念,而不仅是程序本身。为达成这个重要的教学目标,我在教学设计中注重分析计算机应用背后的抽象模型和理论,在课程脉络和知识点上不断挖掘,通过问题来驱动课程设计。在教学

＊　马慧,中国海洋大学信息科学与工程学部计算机科学与技术学院副教授,2019 年秋季学期参加学校课程教学评估。

过程中,注意引导学生思考,在数据库、数据结构、形式语言、密码学等领域,离散数学如何作为基础理论支撑起众多实际问题?在这样一种氛围下,学生就会成为主动的知识探寻者、建设者,而不仅是被动的学习者。

为了提高学生合作解决问题的能力,我每周布置小组课程学习研究报告任务,要求学生将抽象理论的学习掌握与具体问题的分析解决相结合,独立完成内容采编、程序设计和课堂报告,有效提高了学生的合作能力、表达能力和学以致用的能力。

二、动手动脑动口结合,注重课堂学习效率

课堂教学是整个学习过程中极重要的一环,对于完成教学任务、引导学生建立知识体系和提高专业能力具有不可替代的作用。如果课堂教学效果不好,学生会逐渐失去学习的动力和兴趣。教学中,我采用了 PPT、板书、课堂练习和讨论相结合的方法。根据"离散数学 I"课程的特点,通过板书进行问题分析和理论推导,通过板书丰富课程素材、拓展教学内容,根据教学内容合理切换板书和 PPT,有助于师生保持共同的节奏。

为了克服眼高手低和畏难情绪,我让学生常备课堂练习纸,配合理论推导和实例应用,反馈学习问题和课程建议。课堂练习是晴雨表,上课时我随时发现问题,进行针对性讲解。每节课后收集分析课堂练习纸,为后续课程设计提供参考。学生通过听练结合,对不理解或表达错误之处有了更深刻的理解。

三、课上课下结合,现场与网络互助

除了课堂教学外,师生交流还延展到网络平台上,课堂教学与网络平台互助,有效促进了教学和学习活动的顺利开展,共同配合完成学习的各个环节。我通过 Bb 平台和 QQ 课程群发布课程资料、公告,鼓励大家提出问题并共同讨论。每次课后我把课堂实况录像上传到平台上,帮助学生回顾学习内容,及时解决问题。

在教学中,我吸收了国内外众多优秀课程和教材的精华,并落脚于一套教学体系。为开阔学生的视野,我不断搜集课程拓展资料,并推荐了三种优秀的课程教材。不同的教材对于同一问题的描述方式和侧重点有所不同,如果学生对于某些问题存在疑惑,可以在不同的教材中寻找答案。

四、教学与科研相结合,教学相长

教学过程中,教师适时加入科研内容,与学生交流切磋,从而实现教学过程由师生共同完成,互相磨合促进,这样不仅可以大大提升教学的吸引力和学生的学习兴趣,也可以提升教师的科研能力,实现教学相长的良性循环。

将教学过程与科研相结合,需要考虑课程和学生的特点,合理设置引入内容和方式。在教学中,我侧重介绍计算机科学不同领域的经典应用,将离散数学的教学内容与计算机学科的数学工具和理论相结合,介绍当前的科研进展;遵循循序渐进的原则,将教学知识与相关的科研问题建立联系,引导本科生了解科研的基本步骤和要素,从而可以使学生在解决问题过程中更加主动地学习相关知识。

五、结语

本科教学是大学的基础,不断提高教学水平是教师应有的素养和自我要求。多与其他老师交流,学习他们的先进教学理念和经验,不断打破自身的局限性,这是教师提高教学水平的一个很好的渠道,也是一个捷径。

参加课程教学评估过程中,先后有 20 多位评估专家来到我的课堂。感谢评估专家投入大量时间、精力,从总体到细节各个方面的全方位教导,切实帮助我提高了教学水平。多听多看必多收益,学校组织的各种教学报告会介绍了先进教学理念和教学方法,使我们能更好地完善教学活动。我还参加了学校组织的多场教学观摩活动,学习了多位老师的课程教学。文理科课堂不同教学风格的感受,PPT 设计和板书布局,课堂节奏的把控,师生共同提高课堂教学质量等,都使我受益匪浅。

参加课程教学评估收获良多,也更让我认识到教师的责任和使命。今后我会继续以学生为中心,保持对教学工作的敬畏,不断提高教学水平,协助学生进行有深度、有温度的学习。这里我要感谢评估启动会的引领,感谢评估专家提出的宝贵意见建议,感谢报告会和观摩课的启发,感谢学校高教研究与评估中心老师的细致工作。祝愿学校的课程教学评估工作越来越好,让老师与学生持续收益!

打造魅力课堂,诠释教育之美

郭 晶[*] ■

美国著名教育心理学家吉诺特说:"教学的成功和失败,'我'是决定性的因素。我个人采用的方法和每天的情绪是影响学生学习气氛和情境的主因。身为教师,我具有极大的力量,能够让孩子们活得愉快或悲惨;我可以是制造痛苦的工具,也可能是启发灵感的媒介。"教师在学生成长中的重要性毋庸置疑,如何发挥自己的巨大作用,却是教师需要探索一生的课题。

在2019年秋季学期课程教学评估中,我参评的课程是"利息理论",这是一门金融专业的基础数学课程。提到数学课,老师们头疼的是数学难教,学生们头疼的是数学枯燥。在本次课程教学评估中,有一个问题——"如何将数学课讲得精彩?"一直困扰着我。在周成平教授主编的《魅力教师的修炼——100个优秀教师魅力修炼心得》一书中我找到了答案:为学生打造魅力课堂。

正如教育学家陶行知先生所云:"一切最好的教育方法,一切最好的教育艺术,都产生于教师对学生无比热爱的炽热心灵中,产生于教师的魅力中。"所谓"魅力"就是对人的吸引力。我们常常听到学生议论,说他喜欢某位老师,听课兴致很高;或者不喜欢某位老师,听课时总是昏昏欲睡。能否赢得学生的尊重和爱戴,是由教师的学识、能力、性情、品德、修养等综合素质决定的,或者说是

---

* 郭晶,中国海洋大学经济学院副教授,2019年秋季学期参加学校课程教学评估。

由教师的魅力决定的。这种魅力决定了教师能否在实现教学目标的同时将快乐和幸福传递给学生。

如何修炼成为魅力教师,打造魅力课堂?本次课程教学评估使我对此有了更深刻的思考,也收获了一些崭新的经验。

一、打造魅力课堂应关注形象之美

教师之美,美在心灵,也美在外表。关注形象,让美变得具体、可感,这也是一种教育。金融业是一个典型的服务性行业,个人形象在学生就业以及未来职业发展过程中具有重要作用。教师应将对美的感悟内化于心,外化于行,以此感染学生,让学生从教师身上学会分辨服饰的雅俗,提高审美能力,从而树立正确的审美观。

二、打造魅力课堂应探索智慧之美

智慧课堂是魅力课堂的首要前提。知识是外在的、被动的,而智慧是内在的、主动的。魅力课堂教学就要超越知识传授的机械复制,给予学生智慧的火种。

首先,唤醒问题意识。问题是教与学的载体,但是大学课堂上"句号"越来越多,"问号"越来越少。学生提不出问题,那就由老师来提。我尝试将每一章节的标题用疑问句的方式提出,使学生了解本章或本节所学的内容可以解决什么问题,从而激发学生的问题意识。

其次,留下思维时空。留白是一种智慧——"此时无声胜有声",为课堂留下足够的弹性时间和空白地带,使学生能够充分思考,鼓励不同的观点,不以对错为评判标准,使学生具备多元化的价值取向,而非追求唯一正确的答案。

再次,回归生活本真。生活即教育,走向生活,是教育获得生命力的根本路径。金融数学是为金融服务的,我在教学过程中特别强调课程的现实意义,引导学生关注生活、体验生活、反思生活,通过现实投资案例的讲解,甚至以我自己的投资作为案例,激发学生的学习兴趣,引发学生真实的情感共鸣。

三、打造魅力课堂应抓住细节之美

细节决定成败,细节成就课堂。课堂正是由无数教与学的细节共同组成的。我讲课采用PPT与板书相结合的方式,课件作为教学辅助工具,杜绝文字堆砌,发挥多媒体动态展示的优势,利用动画演示现金流的变化,加深学生对投资过程的理解。采用板书推导公式和讲解例题,相比PPT,板书节奏较慢,板书的过程可以给予学生足够的时间充分思考与理解所讲授的内容。

此外,课堂笔记对于学生而言是一个"重体力活",学生埋头苦记的同时往往忽略了老师讲解的重点,造成整个课堂都是"低头族",严重影响师生互动与课堂气氛。为了减轻学生课堂上的压力,提高课堂效率,我会在每节课之前发放本次课上用到的学生课件。学生课件与课程课件不完全相同,以保证学生课上有内容可记,有时间互动与思考,课下有笔记可复习。

四、打造魅力课堂应善于发扬语言之美

教师的工作就是"言传身教",通过与学生的对话达到教育教学的目的。在课堂上,我会格外关注"课堂三声"——笑声、掌声、欢呼声,根据不同的需要和不同的情境,组织恰当的言语内容,去打动学生,或循循善诱,或幽默风趣,或以理服人,或以情感人。我会默默记下使学生发声的点,了解学生的兴趣点,恰当控制"课堂三声"的节奏与力度。"有声"的课堂不仅可以大大增强课堂教学的吸引力,激励学生产生自信心与学习动力,还可以改变教师在学生心目中的刻板印象。

五、打造魅力课堂应激发情感之美

魅力课堂上,师生间、生生间进行心与心的对话,这是一种涵盖思想、文化、情感的交流活动。心理学研究表明,良好的情绪状态能有效强化人的智力活动。学习是高强度的智力活动,情绪状态至关重要。在课堂上,我通过增强学生的课堂表现机会,让更多的学生获得课堂表现的满足感,体验到成功的喜悦,感受到被人关注的快乐;通过课上与课下的互动,充分调动一切情感因素,形成良好的情感磁场,让学生体验到学习的生活味与人情味。

课程教学评估让人"望而生畏","畏"的是学生的评价、烦琐的文案和专家对细节的挑剔,但是这些无不是促成我们提质增效的重要因素。课上的游刃有余,都来源于课下无数次的竭尽全力,这既是对课堂艺术最朴实无华的概述,也是教师需要践行一生的准则。

一场美丽的邂逅,点燃教育梦想

郭　晶[*] ■

距离上一次评估已经过去四年了,但是直到今天,课程教学评估对我的影响从未消失。我愿将其称为一场美丽的邂逅,不期而遇,却意外为我打开职业生涯的另一扇大门。

一、初识课程教学评估

最初,课程教学评估对我而言只是职称评定必须迈过去的门槛,"不求有功,但求无过",但是参加评估没多久我的想法发生了彻底的变化。还记得那天下课后,我像往常一样跟随评估专家来到教室外,准备接受意见反馈。但是那天的专家很特别,她满面笑容、热情洋溢地对我说:"讲得太好了,你一定要冲击优秀。"突如其来的赞赏让我不知所措。在此之前,从没有人评价过我的教学,我对自己的教学水平也一无所知。但是那天之后,我把专家的话当真了,第一次对评优有了企图心,我想做得更好。目标转变了,付出的时间和精力自然就不同了。

在参加课程教学评估之前,我没有做教学设计和写教案的习惯,备课主要是准备课件。但是教学评估必须提交教学设计和教案。我开始学习如何做教学设计,如何写教案,也在学习过程中发现了两者的重要性。教学是一个系统性工程,各类要素的不同组合可以产生完全不同的效果。制作课件是从教师的视角出发,解决"教什么"的问题,但是教学设计是从学生的视角出发,解决"学什么,怎样学"的问题。视角的转换带来教学过程的重构,只有站在学生的视角才能真正了解"教什么,如何教"。我开始认真分析学情,精心设计每一堂课、每

＊ 郭晶,中国海洋大学经济学院副教授,2019年秋季学期参加学校课程教学评估。

一个教学环节。从最初害怕专家来听课变成期望他们来听课,我不再因为负面的反馈而沮丧,反而渴望听到专家的意见和建议。16个教学周从未显得如此漫长却又如此短暂,每周课程结束后就开始总结问题,构思下一周的教学设计,每一周都希望比上一周有所改进,周而复始。所有付出,终有回报,我获得了当年课程教学评估文科组唯一的优秀等级。后来我才知道那位鼓励我的专家是朱萍老师。回想起来,如果当初没有朱老师的肯定与鼓励,我错过的可能不仅仅是优秀,还有那个可以做得更好的自己。

二、终点亦是起点

课程教学评估结束了,但是课程教学评估对我的影响刚刚开始。因为评估优秀,我获得学校推荐参加第八届山东省高校青年教师教学比赛(简称"青教赛")。当时的我对青教赛一无所知,也没有任何参加教学比赛的经验。时间紧迫,又恰逢期末,幸亏参加课程教学评估时准备了完整的课程材料,让我顺利进入了复赛,并最终闯入了决赛。复赛和决赛间隔一个月,需要提交20个教学节段的教学设计与课件。在这一个月的时间里我开始对每一个教学节段进行教学反思:这样的设计是否合理?学生是否能理解?用PPT还是板书?可以挖掘哪些思政元素?教学反思的过程也是教学内容重构的过程,决赛时我基本推翻了复赛时提交的材料。还记得决赛当天,我抽到的是最后一个号,心情有些沮丧,从早上7:30一直等到中午12:00。看着参赛选手一个一个离开,我从最初的焦灼变得越来越平静,教育就是一场漫长的等待。著名教育家叶圣陶先生说:"教育是农业而不是工业。"我们要有等待一朵花开的勇气,去等待学生的成长;我们也要耐得住寂寞,不好高骛远,不轻言放弃。一节好课就像一块美玉,反复打磨才能让玉石展现出纯净剔透的本质,这需要付出艰辛和汗水。

三、你若盛开,蝴蝶自来

凭借教学上的点滴积累与持续改进,我也迎来了职业生涯的"高光时刻",收获了大大小小的荣誉20余项:2019年在学校课程教学评估中获优秀等级;2020年在青年教师教学比赛中获省级二等奖;2021年所教课程获批省级一流本科课程;2022年获得教师教学创新大赛省级一等奖,省级教学成果奖两项,获评中国海洋大学"最美教师";2023年所教课程获评省级课程思政示范课。

2021年基层教学组织改革,我成为金融学 CFA 教研室主任,与一群重视教学、热爱教学、愿意研究教学的伙伴一起致力于双语教学和国际化人才培养的探索与实践。我从最初的讲好一堂课,到建好一门课,再到现在期望打造一个双语教学的全新模式,还要努力建设一个优秀的教学团队,我的能量在不断地集聚,对教育的认识也在不断地升华。

　　教育是一份没有终点的事业,教师是一个学无止境的职业。信手拈来的从容都是厚积薄发的沉淀,找到一个精准的定位,认真打磨自己,慢慢就能变得波澜不惊,在喧嚣中宁静致远。感谢那一年的课程教学评估,点燃了我对教学的热情。我将用热情点燃学生的梦想,在辛勤的耕耘中成就学生,在默默的奉献中实现自我。

教学是一种美好的相遇

辛　佳*　■

从事教书育人的工作是博士毕业后我择业高校的初衷，因此，尽管科研任务紧张，我也一直都很珍视每周和学生共处的课堂时光。在 2020 年秋季学期的课程教学评估中，我参评的课程是"土壤污染与防治"，这是一门专业基础理论课，也是一门重要  的必修课程。该门课程在三年级第一学期开课。借助这次课程教学评估的契机，我深刻剖析了自己的特长与不足，用心去设计每一堂课，师生和谐奋进，教学相长，收获了一些宝贵的经验。

一、产出导向教学，学习效果检验

基于工程教育专业认证的课程教学目标，不仅要考查学生对理论知识的掌握程度，更重要的是关注学生运用知识来解析和解决实际问题的能力，因此，如何在课堂上有针对性地向学生展示知识应用出口就显得尤为重要。此外，该门课程中某些基础理论知识比较枯燥，如果不在授课前激发学生兴趣，明确其学习目标，就很难使学生充分投入课堂。我喜欢研究和设计演讲，如何在演讲的开场抛出问题吸引听众，是决定演讲能否成功的关键。因此，我就想把这种方式引入课程教学中来，以学生关注的实际环境问题开场，让他们思而不解，进而被吊起胃口，他们必然能在接下来的学习中兴致盎然。此外，在相关知识点讲

＊　辛佳，中国海洋大学环境科学与工程学院教授，2020 年秋季学期参加学校课程教学评估。

授完时,回顾开场提出的问题,让学生依据所学知识自己来讨论答案,进而起到检验其学习收益的效果。

二、彰显逻辑思维,构建知识体系

相较于中学教学而言,大学本科专业教学面临知识点繁多、授课进度较快等特点。如果不能建立知识点之间的关联性,形成串联性的知识体系,学生就只能靠机械记忆进行简单的知识点的背诵,而无法上升到理解和应用层面。因此,在课程设计时,我着重厘清了教学内容间的逻辑关系,绘制每一章知识点间的思维导图,并建立章节间的内容关联。在制作多媒体课件的过程中,我也设置了顺序动画效果,从而支撑起"提问—思考—解答"的课堂互动,体现教学内容的递进性和层次感,依靠后面章节的实际污染问题分析来检验先前章节的理论学习效果,让学生真正做到把书读"薄"。

三、教学科研互促,两者相得益彰

我个人的研究方向恰好是"土壤/地下水污染理论和修复技术",与本课程所讲授的内容十分契合。所以,我在讲授关键知识点时会辅以一些曾参与过的具体科研项目或实际工程案例。其一,展示真实的现场照片或视频,可以帮助学生建立野外工作和修复工程的现场感;其二,适当联系科研热点,可加深学生对该领域科研需求的认识,增强其专业认同感;其三,分享实际科研数据,有助于培养学生应用所学理论知识来解析数据规律的能力。同时,教学工作也在进一步夯实我的理论基础,对我的科研水平产生同步促进作用。

四、鼓励课堂互动,培养思辨能力

大学生普遍存在"不愿互动、不敢互动"的问题,这与中学阶段以接受为主的教学模式有关,很难要求学生快速转变。所以,教师需要在课程教学过程中循循善诱,以学生乐于接受的方式鼓励课堂互动。一方面,我在"讲授型"教学环节中穿插集体互动和个体互动,在个体互动前,给学生充分的讨论思考时间,减少学生对互动的担忧和恐惧,鼓励学生"发声是自己的权利";另一方面,我设置了两周的"讨论型"教学环节,组织学生进行案例调研和课堂汇报,并通过鼓励性措施激发学生在课堂上主动提问和主动回答,培养学生的批判性思维,鼓励学生独立思考和勇于表达自己的观点。此外,针对"讨论型"教学环节,在学期初,广泛听取了学生的意见,针对学生反映的以往课堂汇报中存在的"汇报主题与课程联系不紧密""组别过多,汇报像赶场"和"小组内各成员贡献度不一致,缺乏差异性评价机制"等问题进行一一改进,使每一位学生的劳动付出都能够得到科学的评价和考量,全面提升了该教学环节的质量和效果。

五、植根专业知识,挖掘思政元素

目前在工科课程中开展课程思政往往存在课程思政育人点与专业知识点贴合度不高的问题,有些教师为了思政而思政,导致专业教育和思政教育"两层皮"。我在授课过程中,依据层层递进的三大知识模块,仔细研讨教学内容,分别从"家国情怀""生态思想""专业认同""职业素养""团队协作""思辨精神"六大方面,筛选和各章节知识点紧密贴合的思政元素,实现课程思政育人点与专业知识点的紧密衔接,形成协同效应,以期达到"教之以事而喻诸德"的教学效果。例如,在讲授"土壤样品采集方法"时,联系中国嫦娥五号探测器顺利完成月球表面"月壤"自动采样的新闻报道,对比土壤和"月壤"采样方法的异同,介绍该任务是中国航天迄今为止最复杂、难度最大的任务之一,提高学生的国家荣誉感。

在参加课程教学评估的过程中,观摩课的学习和评估专家的指导为我改进课程教学提供了极为有价值的参考。真正好的教学,必然来自教师的积极自我完善与师生的共同努力。教学是一种美好的相遇,对新的相遇保持开放的心态,教学相长,步履不停,让自己一直在路上。

注重能力培养，多管齐下充分调动学生的学习主动性

岳跃利[*] ■

这是我第二次参加学校的课程教学评估，距离 2011 年的第一次评估，已 10 年有余。本次参评的课程是"微积分 I"，这门课具有高度的抽象性、严密的逻辑性和广泛的应用性，是学生认为相对难学的一门课程。抽象思维能力、逻辑推理能力和精确的计算能力是一个人终生学习能力的重要组成部分，而"微积分 I"的教学就为培养学生的这些能力发挥着重要作用。

日本数学教育学家米山国藏认为，学生在学校学的数学知识，毕业后若没什么机会去用，一两年后，很快就忘掉了。然而，不管他们从事什么工作，唯有深深铭刻在心中的数学的精神、思维方法、研究方法、推理方法和看问题的着眼点等，却随时随地发生作用，使他们终身受益。L. 迪·芬克在《创造有意义的学习经历——综合性大学课程设计原则》一书中认为，传播记忆性的知识不是高等教育的主要目的，大学应该把精力集中在培养能进行综合思维和推理思维的人上面。因此本学期我采用的主要教学策略就是：注重数学思想的传授和数学思维的训练，并应用以学生发展为中心的教学方法让学生更多地参与课堂。

"微积分 I"以传统的板书讲授为主，在课程设计和课堂讲授方面对数学思想的传授与数学能力的训练进行了强化，精心选取有代表性的例题，由浅入深、

＊ 岳跃利，中国海洋大学数学科学学院教授，2020 年秋季学期参加学校课程教学评估。

循序渐进。同时,在课堂中增加了经济实例来体现数学思想和数学方法的应用,发挥学生运用数学原理对经济现象进行数学分析的能力。

为了充分调动学生的学习主动性,使他们明确在行动中学习这一理念,每次课前我都会在黑板上写三道题目,学生自愿到黑板前做题,别的学生可以改错或改进。这样既复习了上次课的内容,又让学生参与了题目训练过程,没到黑板前做题的学生也可能出现类似的错误思考或处理,同样会加深印象。

在课堂教学中我注重采用启发式教学,每节课给学生10分钟左右的例题训练时间,借助同伴学习法,让学生在做题过程中可以跟同伴讨论交流改进。课后鼓励学生强化训练,让学生自己寻找和设计合适的题目列入阶段考试题库,提升学生的学习积极性。另外,为提升学生的学习兴趣,我还需做到第一时间高效反馈学生的疑问,课间和课后学生随时上讲台问问题,成立班级和学习兴趣小组微信群,及时引导和解决学生在微信群中提出的问题。

当然,自己上课还有很多不足,有时字迹稍显潦草,导致不容易辨认;有时语速稍快,缺少节奏感;有时部分内容延伸过多、跳跃性强,部分学生觉得跨度大、有些难……这都是以后我要注意和提升的地方。

参加本次课程教学评估,确实使我受益匪浅。每位评估专家都提出了中肯的建议,也让我更清楚地意识到了自己的不足,达到了参加这次评估的目的。在此感谢每位评估专家的认真指导。学校高教研究与评估中心组织的教学观摩活动也是教学提升的重要途径。每位教师都有自己的上课特点,在观摩活动中不仅听到了专家高屋建瓴的点评,还学到了有用的上课技巧和策略,也让我感受到了和优秀教师的差距。另外,教学相长、亦师亦友,学生的求知欲高,参与课堂的热情高,也是促使我认真上课的核心因素。

未来的课堂上,我会进一步学习和应用以学生发展为中心的教学理念,认真设计课程,认真备课,认真上课!

打造有温度的课堂

杨 慧[*] ■

2020 年秋季学期我参加课程教学评估的课程是"Python 程序设计",这是一门面向全校非计算机专业本科生的第一门程序设计类课程,内容涵盖计算机基础知识、Python 语言语法与扩展模块、程序设计方法论、文件处理与数据格式化、图形绘制与图像处理、
科学计算与可视化、网络爬虫应用等领域,是一门抽象且相当有挑战度的课程。如何使不同专业背景的学生有效掌握核心知识,特别是借助 Python 语言"开源、共享、通用"的编程优势,培养学生对信息进行整合、迁移、灵活应用并最终解决复杂问题的能力,即深度学习能力,是我一直在思考的问题。为此,我主要从以下几方面进行了实践。

一、以学生为中心,精心设计教与学的模式

我曾在研究项目中通过结合计算机数据分析技术和实证研究挖掘分析了混合学习环境下影响大学生学习的关键因素,发现对学生深度学习起作用的关键影响因子是"浏览并整合网络资源""反思自我"等,学生在这些影响因子上的表现直接影响了他们深度学习的有效性。于是我在课程教与学的模式框架设

* 杨慧,中国海洋大学基础教学中心计算机基础部副教授,2020 年秋季学期参加学校课程教学评估。

计中,围绕这些影响因子,通过制定针对性措施高效地提升教学质量和效果。在课程正式学习之前,我通过雨课堂教学工具推送章节学习导引,使学生带着问题提前预习课程内容;课上通过基于案例的学习、启发式提问、小组讨论和雨课堂推送"边学边做"等活动引导学生不断加强对难点、重点知识的理解;课后通过练习、小组任务完成对知识的内化与反思。课堂展示、线上的互评自评、教师现场点评等环节层层递进,将小组的收获与反思在班级内进行分享,最后以项目设计进一步夯实基础,同时积极整合 Python 语言涉及机器学习、数据分析、网络爬虫、数据可视化等应用领域的计算生态资源,扩展学习半径,提升学生综合运用所学知识以及开发复杂系统的编程实战能力。

二、有意识地挖掘思政元素,坚持立德树人

我在讲课中有意识地挖掘课程思政元素,并将其自然融入课程教学内容中,坚持立德树人。例如,结合疫情防控工作,鼓励学生借助 Python 语言 turtle 库编程绘制所思所想,向"最美逆行者"致敬,引导学生弘扬爱国主义精神,培养担当精神。在"实例:天天向上的力量"教学中,通过数学思维、计算思维等不同的思维方式,用 Python 程序验证了努力程度与学习收获之间的关系,从而启发学生在实现目标的过程中,要有持续的激情以及坚毅的精神,做到不忘初衷、专注投入,培养自我激励、自我约束的良好品格。

三、依托现代化信息技术,丰富教学手段,提升教与学的效果

在线上使用雨课堂推送学习内容,在课堂利用手机展开测试,实时获取学生反馈数据,同步掌握学生学习情况,对共性问题及时讲解。在机房,采用"云课堂"等现代化信息技术辅助教学,让学生参与教学,活跃了课堂气氛,有效激发了学生的学习兴趣。利用 QQ 群、微信群,建立课下学生和教师无处不在的联系纽带,打破时间、空间局限,为学生答疑解惑,分享自己学术和工作上的经验,鼓励学生勤学潜思,以坚韧的精神面对编程中遇到的困难,营造和谐的师生关系和积极的学习风气,打造有温度的课堂。

四、拓展课程学习的内涵和外延,提升学生认知深度和广度

针对选课学生来自不同年级、不同专业背景,存在思维方式和计算机基础

差异较大的现状,我将多年来从事"大学计算机基础"课程教学积累的教学资料进行提炼重构,并通过 Bb 平台分享给学生,方便学生自主学习,查漏补缺。同时,按照其与"Python 程序设计"课程内容的相关性,将其合理编排在课程的学习路径中,使学生可以从不同深度理解计算机程序设计原理。另一方面,针对程序设计是一门实践性很强的课程,布置了综合性设计项目,学生以小组形式进行系统需求分析、模块化设计、调试、整合及报告撰写。通过项目设计,鼓励学生进行应用及创新,培养高阶思维能力,促进学习的深度;通过小组探究学习,锻炼学生交流沟通、团队合作的能力;通过设计报告的撰写和展示,培养学生文档写作的素质,锻炼学生的语言表达和控场能力,努力将学生塑造成为会学习并具有深度学习能力的高素质人才。

学无止境,教无定法,课程教学评估虽然结束了,但这学期有幸得到 20 多位评估专家从整体到细节各个方面的指导,让我收获颇丰。借此机会对评估专家表达感谢和敬意。先生们的指导不仅让我的一些教学环节得到了优化,也使我深深地体会到先生们严谨治学的态度和精益求精、一丝不苟的精神。这些宝贵的精神和品格也必将激励着我继续扎根教学最前线,用实际行动努力提升课堂教学的温度和学生学习的热度,在一流人才培养道路上继续砥砺前行!

我不是一个人在战斗

王洪兵*　■

对于一名高校教师而言,什么样的课才算是一堂高质量的课呢? 或者怎样才能上好一堂精彩的课呢? 自从 2009 年入职海大以来,这就是我不断思考的一个问题。

何谓教师? "师者,所以传道授业解惑也。"就大部分高校青年教师而言,入职前经历了系统的科研训练,或多或少掌握了科研的基本门径,他们可以很快适应大学的科研工作。相较于科研工作,高校青年教师的教学经验几乎是零,虽然学校会组织青年教师进行岗前师资培训,但是培训时间仓促,培训内容与实际教学活动仍有较大的距离,青年教师还是难以在短期内提升各项教学能力。对青年教师而言,高质量课程的形成并不能一蹴而就,教学技能也需要在长期的教学实践中不断自主探索积累提升,同时还需要教学部、学院、学校勠力同心帮助提携,方能达至目标。在此过程中,作为亲历者之一,校、院二级课程教学评估制度发挥了不可替代的作用。

我初登思政课讲台的场景至今依然历历在目,虽然当时每次课前都进行了自认为相对充分的准备,课堂上讲述得绘声绘色,但是学生反响平淡,获得感不强。我的第一感觉是,与以知识或技能传授为主的专业课相比,讲好思政课实属不易。以"中国近现代史纲要"课程为例,讲授这门课程的教师大部分是历史学专业出身,许多教师也将其按照历史学的教学方法进行讲授,由此带来的问

---

* 王洪兵,中国海洋大学马克思主义学院教授,2020 年秋季学期参加学校课程教学评估。

题就是,教学内容历史性强而现实性较弱,思想性强而趣味性不足,教学手段上理论性强而实践性少,教学形式灌输性强而探究性少,从而导致课堂效果不理想,学生抬头率不高,参与课堂互动的积极性不强。我通过四年的锻炼才对课程性质有了较为准确的认知,对课程内容也基本掌握,基本达到PPT盲讲的程度,教学投入不可谓不多。

基于上述经验,建议准备参加学校课程教学评估的老师,至少要讲述课程三到四个学年,在全面掌握课程的前提下再参加学校课程教学评估。

2013年,我第一次参加学校课程教学评估。为了大幅度提高学生的出勤率、抬头率和点头率,以课程教学评估为契机,我不断改革教学手段和教学形式,比如注重启发式、互动式教学,在课堂上穿插贴近学生日常生活、贴近热点的史料和视频等,这些做法一定程度上增强了思政课的亲和力和针对性。然而,即便课堂上不时传出笑声、掌声、喝彩声,学生听得津津有味,但在课程结束之后,仍有不少学生难以记住教师所讲的理论知识与核心思想。那么,我们不禁要问,为何教师的精心备课不能换来学生的"入脑入心"呢?这是第一次课程教学评估结束后我一直在思考的问题。第一次课程教学评估结果虽然不甚圆满,然而对我而言,收获颇丰。通过一个学期的课程教学评估,课程体系得到系统梳理,由杂乱变得清晰。此外,教学设计更趋合理,教学环节层次愈加分明,问题意识更加突出。

2020年,我再次参加了学校的课程教学评估。与第一次课程教学评估相比,我的课程教学效果有了较大的提升,并且取得了较好的成绩。同一课程前后出现较大差异,原因除了个人教学观念的转变和课程教学的投入外,还有一个重要原因就是教研部作用的发挥和学院教学质量保障体系的建立。

我第一次参加课程教学评估虽然做了精心准备,但基本上是单打独斗,对课程质量的好坏也仅凭个人直观感受,虽然自我感觉良好,但在评估过程中暴露出大量问题。

与第一次参加课程教学评估时完全按照教材章节开展教学的方法不同,第二次课程教学评估中,我根据教研部教学团队制订的专题式教学方案,采取了专题教学的模式,以案例为引导,将专题讲授、课堂讨论、课程论文、社会实践相结合,使教学设计更加丰富,教学方式方法更加灵活多样。这种专题教学模式具有很强的针对性和吸引力,促使学生积极地参与思考和讨论。专题教学既发挥了传统上教师主讲的优点，又打破了按章节授课的局限，克服了过于注重教材体系完整性而忽视了向教学体系转化的弊端，同时平衡了中学历史课的泛化和大学历史课的细化，有利于以问题引领学生学习和促进学生自省，也有利于提升学生的思维能力和认知能力。专题教学的设计和内容遴选是教学团队集体的贡献，充分吸纳了每个人的长处，分享、共享了教学感悟经验和教学资源，同时也弥补了个人认知的局限、片面和不足，还有效避免了课程教学内容与中学历史教学内容大面积重复的问题，是集体智慧的结晶。最为关键的是，专题教学大幅度提升了课程教学效果，得到了学生的广泛认可和欢迎，真正推动了思政课在教学实践中的"入脑入心"。

以教学团队为后盾是这次我参加课程教学评估最大的底气。

2017年，马克思主义学院成立后大力推进了思想政治理论课教学改革，制定了一系列教学制度，如教研部集体备课制度、学院课程教学评估制度、学院教学观摩制度、新入职教师传帮带制度。学院将教研部集体备课、学院教学观摩与学院课程教学评估密切结合，形成教学团队，群策群力，共同提升教学质量。以教研部集体备课制度为例，学院要求各教研部根据专题教学的进度，务必做到每个专题都能实现集体备课，由新教师或者参加学院、学校课程教学评估的教师担任主讲，教研部集体观摩研讨，扬长避短，从而确保教学问题早发现早解决，助力青年教师教学经验的增长。学院思政课课程教学评估制度要求，欲参加学校课程教学评估的教师必须先参加学院课程教学评估并获得良好等级以上方能推荐。评估过程中，学院要求评估专家采取集体听课的模式，每次听课多位专家共同参与，听课之后共同会诊，讨论课程教学过程中存在的问题，并及时向参评教师反馈。我在参加学校课程教学评估的同时，作为主讲教师也参与了教研部的集体备课，通过学院备课、教学观摩，听课、被听课，从评估专家和其他参评教师身上获得了大量教学经验，为提升课程教学质量提供了重要的助益。作为学院教学改革工作的策划者、组织者和直接受益者，我相信未来也将有更多的青年教师从中受益。

以教学制度为保障是这次我在教学评估中最大的收获。

如果说第一次参加学校课程教学评估是为课程奠定基础，我觉得参加第二次课程教学评估则是推动课程教学实现了质的飞跃，这离不开教学团队的集体贡献，但更为关键的因素是评估专家的引领和无私指导。课程教学评估是学校为提升教师教学水平而建设的一个重要平台,这里凝聚了一大批爱教学、讲奉献的评估专家。他们通过不间断听课,为课程诊病情、开药方,让更多的参评教师受益。最让我感动的是评估专家风雪无阻全身心地投入听课的精神。在评估过程中,专家们实事求是、细致入微、毫无保留地向我反馈教学中存在的问题,正是专家们的批评和建议推动我不断改进课程,对上好思政课有了更深刻的感悟。虽然我的课程教学评估暂告一段落,但是作为学院教学改革工作的策划者、组织者、推动者和学校课程教学评估专家,我的课程教学评估之路实际上刚刚启航,希望我参加课程教学评估的经验教训能助力青年教师的成长。10余年来,伴随着课程教学评估,我经历了从青年教师到老教师,从参评教师到评估专家的身份转变。无论站在课程教学评估参与者的角度,还是课程教学评估管理者的角度,我坚信,那些通过课程教学评估而形成的教学经验、教学技能必定会更好地反哺课堂,而新时代高校课程教学的面貌也必然乘着学校、学院课程教学评估工作全面推进的东风而变得焕然一新。

用"人声艺术"塑造"艺术人生"

隋天开*

人生的长度、人生的广度、人生的深度，构成了人生的"体积"。这个"体积"厚重与否，决定着一个以艺术为事业追求的人的创作能力和表达能力。因此，我要通过"声乐表演"课程的讲授，拓展学生的这三个维度，让他们有方法、有能力去寻找增加和强化人生厚度的方法和"公式"。

2020年秋季学期，我参加学校课程教学评估的课程是"声乐表演"。这是我第二次参加课程教学评估。在第一次课程教学评估中，很多专家对我进行了指导，使我受益匪浅，在进一步探索教学方法的道路上，启发了新的思路，找到了正确的方向。同时，我又陆续参加了很多培训和讲座，细心体会专家们的分享，不断充实自己，改进提高自己的教学实践，使我在专业知识的传授上更加凝练，在课堂思政教学上有了新的尝试和创新。

我重新建立起的教学理念是用"人声艺术"塑造"艺术人生"。

"人声艺术"，即通过传授声乐技巧，为学生打好演唱的技术基础，使学生掌握科学发声的方法，挖掘自身的潜力，唱出更迷人的歌曲。

"艺术人生"，则是指用音乐表达情感，在感动自我的同时打动观众，让观众与演唱者产生艺术共鸣。

为了达到这个教学效果，我主要从以下四个方面入手，开展课堂实践。

* 隋天开，中国海洋大学基础教学中心艺术系副教授，2020年秋季学期参加学校课程教学评估。

一、让理论指导实践、带动实践，发挥理论教学的真正作用

"声乐表演"是音乐专业学习中最抽象的课程之一。它不像乐器学习看得见、摸得着。所以，在教授学生发声方法上，要用语言将抽象的感觉具象化，并要做到语言，便于理解。同时，示范要精确，让学生在理解的基础上容易模仿、掌握。因此，我打破传统的音乐类课程教学只讲解、只示范的模式，通过播放发声视频、展示发声解剖图和感触式教学等方式方法，加快学生的自我认知，并能准确地掌握、运用。

声乐课程教学的难题之一在于不可预测性。学生对于上一节课的理解程度、课下的练习是否到位、本节课是否处于歌唱的良好状态等，都直接影响本节课的教学质量。而且，很多技巧是靠长期积累获得的。所以，教师需要时刻站在学生的角度去分析他们的问题出在什么地方。除了了解他们的学习外，还要了解他们的世界观、价值观，甚至他们的家庭状况、成长环境、身心状态等，因为只有这样才能做出恰当的教学比喻，举出形象的实践例子，让学生理解教师的教学意图。

二、换位分析诠释，激发学生进行二次创作思考

在对一部声乐作品进行剖析的时候，如果只分析作品创作的历史背景和作者的创作环境等，只能让学生单纯地了解作品的创作意图。而当教师能够结合作品，讲述自己的学习经历、自己的演出故事的时候，学生或是期待地微笑，或是专注思考。他们的微表情告诉我，他们听进去了，并进行了大脑的二次分析。当我再将作品拉近到他们的生活时，用我了解的当代大学生的生活时尚、情感表达打比喻时，他们或赞同地点头或否认地撇嘴。答案不重要，重要的是，他们有了进行二次创作的思考动力，知道了理解和把握一部作品的根本所在。所以，在课堂互动环节，我以促进学生动脑为主要目的，启发他们用感情表达、用语言表达，这都是他们未来用歌声表达作品情感的前提。在整个授课过程中，我会根据每次课程的实际情况做一些微调，让学生成为课程学习的主宰者，用他们听得懂的语言、听得懂的故事来解释发声技巧、诠释作品的含义。我还会将近期发生的新闻进行摘抄、归类，和课程中所涉及的歌曲进行"配对""融合"，让例子更有时效性，在某些感同身受的歌曲中加入自己生活的经历和体会，让

比喻更鲜活,使学生更有带入感。

三、体验式作业的课程思政

很多人认为音乐类的课程思政就该是唱"红歌",这个看法不尽全面。根据教学大纲,本学期我没有专门布置一首"红歌",但我却将课程思政贯穿始终。比如在演唱《我爱这土地》的时候,我布置的作业是让学生攀登八关山,根据在山顶和凉亭等不同位置看到的情景来描述自己当时的心情;再通过我的讲解,启发学生怎样用歌声表达从抗日战争到改革开放20年,再到改革开放40年的激动心情。在复习课中,我又加了"嫦娥五号""珠峰新海拔"的讲解,使学生在演唱中对《我爱这土地》有了自己的体会,甚至有的学生一度哽咽不止。因为,他们学会了真的用感情来演绎、用声音来讲述属于自己的爱国故事。

四、吾日三省吾身

我是一个愿意每天睡前回忆自己一天做了些什么事的人,如这一天上的什么课,讲的什么话,学生是怎样的反应,而我又是如何解决学生的问题,等等。我的成就感来源于课堂,当通过一次次的教学努力,学生的声音美了,表达曲目的艺术性更完整了、更打动我了,我就觉得我实现了一天的自我价值。每次授课结束后我都特别渴望和评估专家进行交流,每一次交流都让我收获颇多。而且,我会力争在下一节课中有所改变。有一次,有位评估专家第二次来听我的课的时候说,"我上次跟你说的,你这次都注意到了"。我觉得这是对我课程讲授进步的最大肯定。

今后,我还希望通过课程教学打造全人格的教学模式,就是改变表演课程单纯模仿的教学模式,让学生大胆地进行二次创作。记得有位专家跟我说,"你要深挖人物的性格",这句话给了我莫大的启发。在深挖艺术作品中的人物性格的同时,融入学生自己对原著的理解,不就是让他们有了更高的艺术创造力和表现力了吗?

立足课程特点,提升教学水平

张恬恬*

2021 年春季学期我以"食品营养学"参加了学校课程教学评估,这使我有机会集中向富有教学经验的前辈、专家学习,深入挖掘课程特点,并在此基础上进行多方面的改进。

一、以能力培养为导向,构建工科课程体系下的教学新模式

"食品营养学"是一门典型的自然科学课程,国内规划教材包括国外的经典教材均从自然科学角度出发,着重强调营养学知识,没有对工程意识的体现。我院着力培养工科人才,如果按照教材的知识框架与讲述逻辑开展课程,"食品营养学"与专业人才培养目标难以达到高度契合。本学期,我陆续在课程中加入了对营养学技能的教学,利用 OBE 教学理念重新梳理课程设计,强化对学生能力的培养。配合课程知识点的介绍,开展营养学技能的课上教学与实操实练,以实践带动学习,以科普为输出手段。为更好地与工科课程接轨,扣紧"食品开发中的营养学",在课本之外,增加了"预包装食品营养标签设计""保健食品开发思路与申报流程"等专题介绍及模拟练习,为课程体系中的食品开发相关工程训练环节提供支撑。在学生的最终成绩构成中设置了"实践分",鼓励学生开展营养科普活动,如学生参加了"全民营养周"期间的科普宣传活动。以科普为出口输出知识,利用"知识输出"倒逼"知识输入",并使学生在与人群、与社

---

* 张恬恬,中国海洋大学食品科学与工程学院副教授,2021 年春季学期参加学校课程教学评估。

会的接触中感受"活生生"的营养学知识。大多数选课学生已开始用自己的行动践行"食品营养学"的知识,这些活动或带有强烈的社会责任感,或体现出青年学生独特的活力,也使学生感受到了"食品营养学"是一门"有用"的学问,以能力的培养与运用激发了学习动机。

二、以学生为中心,重构课上课下教学任务,指导学生开展自主学习

营养学的知识体系庞大,知识点众多,如果按照统一的节奏铺排知识点,"眉毛胡子一把抓",仅凭借课上的 32 学时,教学任务难以优质完成;同时,营养学作为一门交叉学科,与生物化学、食品化学等学科在研究内容及知识点上有重叠,一些基础的营养学知识又是常识性的,在学生的中小学阶段已经有了一定的接触。根据上述课程特点,本学期着重开展了课上课下教学任务的重构,结合 Bb 平台等新的教学手段,引导学生进行自主学习。

利用 Bb 平台的测试功能,在线上进行"每课一练"小测试,并在下节课以题目为载体进行课程回顾,不仅因系统自动批改减轻了教师的工作量,更重要的是学生可以得到即时反馈,使学生能有针对性地对未掌握好的知识点进行"精准复习",达到了"以测促学"的根本目的。维生素、矿物质是营养学的重点,但该部分的基础知识在本专业的多门课程中都有涉及,学生已具备了一定的背景基础。本学期我通过设计一系列既能够覆盖本章节重点内容又具有一定深度的营养学问题为主题,指导学生以学习小组的形式进行研究性学习,并以学习报告的形式作为成果导出。课堂上教师再进行重点知识的提点、拓展、拔高,引导学生针对小组研究性学习报告进行互评,配合课后测试进行巩固,从测试的答题正确率来看,已经取得了不亚于传统教授形式的教学效果。

对于一些简单的知识点,我梳理出其中的联系,引导学生在课下自行学习,要求学生自学并建立自己的"知识总结表",激发了学生的学习积极性;有的学生画出了本章节的知识思维导图,有的学生做了精美的科普手抄报,有的学生融合了自己的思考将"膳食宝塔"与本章的知识点融合实现了多个章节知识的互联。配合课上教学任务,依托丰富多样的形式,引导学生进行课下预习,比如在进行"营养标签设计"课程教学之前,在前一次课间播放了有关营养标签知识的科普动画片,并布置了"寻找营养标签"小任务,让学生对营养标签产生初步认识;学生在课上通过展示营养标签,总结出"营养标签核心营养素"等重点知

识,通过课上课下的有机联系,形成了良好的课堂气氛,多场景的记忆也有利于学生对知识的掌握。

三、鼓励课堂互动,培养思辨能力

针对大学生普遍存在不愿互动的问题,我在第一次课时就对学生进行了学习小组分组,并引导学生为自己的小组取与营养学相关的名字,增加课堂的趣味性。借助学校的 Bb 平台,课前将与课程思政相关的经典案例、背景知识资料上传至资源库。授课过程中,针对不同的章节内容,采用启发式、讨论式、案例式等多种教学方法,高效发挥该课程的思政效应;给学生充分的讨论思考时间,通过鼓励性措施激发学生在课堂上积极互动,培养学生的批判性思维,鼓励学生思考并勇于表达自己的观点。

四、把握学科发展趋势,把科研工作融入课堂教学

营养学是高速发展中的科学,新取得的研究进展不断刷新着营养学的知识体系。本学期我将科研内容融入各次课程的讲授中,以自己的科研工作为实例,对学生形成点滴启发,在帮助学生掌握教学内容的同时,也有效开阔了学生的视野,激发了部分学生参与营养学科研工作的积极性。

五、根植专业知识,挖掘思政元素

我从"食品营养学"课程思政改革的目的和意义出发,结合课程思政的教育理念,倡导"从细微处着手",分析该课程蕴涵的思政元素与课程教学内容的契合点和实施办法,在教授专业知识的同时提升学生的人文素质和思想政治素质,将职业道德、责任担当、传统美德、社会主义核心价值观、国家发展战略等思政元素融入"食品营养学"课程教学过程中,强化立德树人工作要求。借助学校的 Bb 平台,课前将所有整理好的与课程思政相关的经典案例、相关新闻和背景知识资料介绍上传至资源库,并通知学生预先学习,充分调动学生的学习兴趣,激发独立思考潜力。针对不同的章节内容,采用启发式、讨论式、案例式、翻转课堂等多种教学方法,高效发挥该课程的思政效应,培养和教育学生知行合一,让社会主义核心价值观等内化为精神追求、外化为自觉行动。

点亮学生眼中的光

王冬梅 *　■

　　我的父母都是农民，在我的成长过程中，是老师给予了我非常大的帮助。我从他们身上汲取知识和智慧的同时，也期盼自己有朝一日能够成为他们中的一员，站上三尺讲台，播撒希望。很荣幸在进入中国海洋大学后成为一名光荣的人民教师，并承担了专业必修课"分子生物学"的教学任务，走上了梦想的讲台。

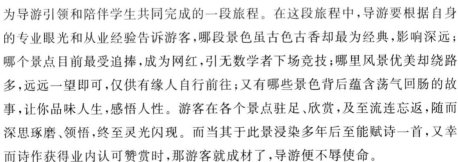

　　在我看来，教学更像是由教师作为导游引领和陪伴学生共同完成的一段旅程。在这段旅程中，导游要根据自身的专业眼光和从业经验告诉游客，哪段景色虽古色古香却最为经典，影响深远；哪个景点目前最受追捧，成为网红，引无数学者下场竞技；哪里风景优美却绕路多，远远一望即可，仅供有缘人自行前往；又有哪些景色背后蕴含荡气回肠的故事，让你品味人生，感悟人性。游客在各个景点驻足、欣赏，及至流连忘返，随而深思琢磨、领悟，终至灵光闪现。而当其于此景浸染多年后至能赋诗一首，又幸而诗作获得业内认可赞赏时，那游客就成材了，导游便不辱使命。

　　遵守作为一名"导游"的本分，我时常提醒自己，少灌输，多启发，从科研中来，到科研中去。分子生物学是一门实验科学，我们已知的知识点是由无数科学家通过大量的实验证据证明、推理而来的。这其中不仅包含迄今仍广泛应用

---

　　* 王冬梅，中国海洋大学海洋生命学院教授，2021年春季学期参加学校课程教学评估。

的实验技术，更有精细的实验设计方案，闪烁着智慧和严谨的光芒。因此，我收集了一些经典实验的原始文献，展示关键的实验结果，让学生自己分析并推出可能的结论。这种既有"wet-lab"结果又混杂推理元素的方法，可以让学生集中精神，对自己推算出的"知识点"也理解深刻。

学以致用，如何根据已有知识和技能解决具体的科学问题？为增强讲解的趣味性和实操感，我设计了一名隐形助教"小明"，人设是对科研充满热情、科研经历丰富却屡遭各种困难的研究生，让他带领学生在失败中去思考、去破题、去感悟。到了重要知识点，我就把"小明"在相关课题上遇到的困难拿出来，请学生思考应该如何利用现有知识来分析问题、解决问题，为小明排忧解难。沉闷的喋喋不休会惹人发困，这种带有一定挑战性的课题往往能让学生思维活跃起来，积极发言。这些讨论中获得的成就感会激发学生对科研的兴趣，建立起来的理性、严谨的科研精神更会对他们以后的科研或职业生涯有所帮助。

教学相长，各自发光。我从读研究生到参加工作有近20年，在科研的道路上摸爬滚打，努力、失败、再努力……周而复始，有时取得的些许成就已难以慰藉艰苦持久战后的疲惫。但在教学上，学生给出的反馈往往是及时的。只要在教学方案上做了改进和设计，就像一盘精心准备的菜端上桌，学生的表情和眼中就会发出光，这给我带来巨大的满足感。而它也缓解了我在科研工作中的挫败感，更支撑我在科研路上继续努力。付出就有收获，心中有爱，学生眼中就有光，这在教学上展现得淋漓尽致。

提高师生互动的三板"大斧子"

王冬梅*　■

　　2021年我申请参加了学校的课程教学评估。之前找几位前辈老师取经，被"科普"了评估过程中的紧张，算是打了预防针；但只有在评估开始之后，才真正体会到那种如坐针毡、一刻不得放松的焦虑，到最后两周简直就是在煎熬，要反复进行自我PUA才有毅力坚持。幸运的是，专家们终不"负"我，最终的评估结果不错。

　　现在复盘一下，我认为论口才、论幽默、论思政、论PPT的美观度等等，很多老师比我做得好太多，而我能打动专家们的可能就是师生互动吧！所谓师生互动，关键在于"互"，只有"师"动，未免有包袱落在地上的尴尬；只有"生"动，未免没有秩序，显得老师对课堂掌控力不够。要做到有来有往、你抛我接、心领神会，才是高质量的互动。排除掉我本身的"可爱""温柔""和善""耐心"等特质之外，我总结还有三板"大斧子"可以分享！

一、放松警惕

　　让学生放松对老师的警惕，不用打成一片，至少处好关系。首先教师要做好心理建设，摒弃师生的固有身份认识，说服自己以同事甚至学生身份与学生相处，这叫放下身段。再者记住大部分学生甚至全部学生的名字，可通过前几节课的反复点名和提问来记忆。如果能在课堂上直接叫出学生的名字（一个窍门儿，不带姓的名字），我想他/她也许会觉得："老师认识我，我们是自己人，我得好好表现，给哥/姐们儿长脸。"另外，课前早到五分钟，和学生聊几句，适当露怯，比如"昨晚没睡好，好困啊"，努力打破教师的"神圣"感。

---

　　* 王冬梅，中国海洋大学海洋生命学院教授，2021年春季学期参加学校课程教学评估。

二、找好"托儿"

"托儿"加了引号是因为这个"托儿"不知道自己是"托儿"。我曾经调查过学生对于互动的感受。他们共同的爱好是喜欢看别人互动,我理解就是可以做吃瓜群众,但不想做被吃的那个"瓜"。不过他们也不排斥吃瓜的同时勇于发表评论。因此,为了抛"瓜"引玉,要选个好"瓜"做"托儿"。上课时首当其冲坐在第一排的学生往往是好学生,可引导多发表言论,辅以真诚的表扬和鼓励,周边学生逐渐跟随。形势稳定后,再把这些"托儿"换到后排去更广泛地发动群众。

三、给"甜头儿"

我曾经去一位德高望重的老师课上听课学习,发现每次他抛出一个问题,主动举手要求回答的学生络绎不绝,不用老师点名,一切行云流水,非常自然流畅。我敬佩不已,请教之,老师说学生每参与一次回答即可算作平时成绩一分,有研究生助教在默默记录。这位老师切中要害,发挥了"分数"这个指挥棒的超级作用,还解决了如何量化学生课堂表现的问题,值得学习。

最后,特别感谢评估专家为我提出的诸多建议,时刻提醒我没有最好,只有更好。有位辩手说过,每天都问问自己,你又博学了吗?回顾参加课程教学评估的这一学期,如果也仿此来个每周一问,你这周又进步了吗?是的,感恩于专家、老师的帮助,我每周都能获得进步!

"海洋微生物学"课程教学评估后感

刘吉文 *

2021年,在我讲授"海洋微生物学"课程的第五年,我申请参加了学校组织的本科课程教学评估工作,这也算是对我个人授课情况的一次全面"会考"。参加课程教学评估的心情是忐忑的,尤其当回想起昔日督导教师在我初承担该课程时的训导,忐忑的同时又透露着些许激动,急切地想通过这次"考试"来检验授课水平和能力。更为重要的是,在"以评促建、以评促改"的评估理念下,可以获得"错题"的反馈和行之有效的"正确答案",这不禁又使我对这次评估满怀期待。

如何深入浅出地讲解课程知识,如何集成离散的知识点,如何调动学生的好奇心、提高参与度并提升高阶学习能力,是我在讲授课程的几年时间里思考最多的问题。围绕这些方面我也不断在摸索中总结经验,几年来我努力从多媒体呈现、讲授内容凝练、思政元素融合、师生互动交流等多个层面对课程进行了大范围改革,尽最大努力形成一套"老师愿意讲、学生愿意学"的课程教学内容体系。

一、提升多媒体感观,贯通逻辑

多媒体是当代教师教学活动中普遍使用的主流辅助教学手段,也是学生接

---

* 刘吉文,中国海洋大学海洋生命学院副教授,2021年春季学期参加学校课程教学评估。

触课程、学习知识的重要媒介。一份制作精良的多媒体课件可显著增加课程的接受度,有助于教学效果和学生学习效率的提升。合理的色彩搭配、得当的图文比例、突出的重点内容、有序的动画放映以及用图画形式以类比知识内容等都可以提高学生的注意力和关注度,还可以增添趣味性和共鸣度。在此基础上,要设计多媒体页面间的过渡衔接,用适当的语言将连续页面的内容进行有效串联,从而避免思维断层,减少学习繁杂、零碎知识点的负重感。

二、借力科教融合,引导创新思维

我的研究方向聚焦于海洋中微生物的群落演替及生态作用,和我讲授的"海洋微生物学"课程有很大的关联,这也是我最大的幸福感。我将学科的最新前沿进展和自身研究结果源源不断地融入教学中,帮助学生清晰地掌握相关内容的研究历史和发展趋势,并据此提出尚存的科学困惑或难解之谜,引导学生形成创新思维。同时,引用知识体系中的矛盾点和冲突点(如海洋细菌活的非可培养状态概念的争议),激励学生敢于质疑已经形成的"定论",打破固有思维,忠于探寻真理,认识到争论是科学发展的必经之路。

三、融入思政元素,培养科研情怀

思政教育是引导大学生树立正确思想道德观念的重要环节。"海洋微生物学"课程中蕴含着丰富的思想政治资源,例如,我国老一辈科学家的科研奋斗史(如我校徐怀恕教授提出细菌活的非可培养状态),以讲故事形式展现重要理论提出和方法研发背后踔厉奋发的科研岁月;微生物研究对建设海洋强国的意义(如深海资源挖掘和"碳中和"战略需求),从达成海洋强国战略需求的层面提升责任担当和使命感;通过人类与海洋环境健康(如海洋病原菌和石油/塑料等污染物降解菌开发)认识到海洋微生物关乎人类健康和生存环境的重要性。我针对课程具体章节内容从不同层面进行思政素材的挖掘梳理,考虑引入的方式和时机,科学设计课程思政特色案例,将思政元素与教学内容有机结合,让学生发自内心、如沐春风般地感受光阴的美好、学习的价值、奋斗的意义。

四、改善互动形式,促进主动学习

教师的面貌、言行、举止对调动学生学习的积极性有重要作用。也许我们没有一副好看的皮囊,但是我们可以提升自己的亲和力,缩小与学生间的距离感。教师的每一次微笑、每一句鼓励都可能会对学生起到鼓舞作用。严肃的课堂也常常需要一丝活泼,并非每个教师都有与生俱来的幽默感,但我们可以将身边的趣事、生活的实例、流行的语言灵活地运用到课堂中,从而营造严肃而又不失轻松的课堂氛围。

更好的学习效果往往源自学生与教师思维的同步,我试着将一些知识内容整合为一个课题进行讲述(如海底甲烷生消过程、海洋吸收二氧化碳的生物学机制),以"梳理脉络、提出问题、留白思考、提供答案"的思路,积极在课堂上营造科学情境,促进学生主动创新思考,主动查阅文献资料。同时,通过设置围绕知识矛盾点的小组辩论等环节,有效促进学生的合作学习和高阶性学习,提高学生学习的幸福感和满足。为了进一步提高学生的参与度,尝试调换学生的座位,这一开始可能会引发学生的不满情绪,但也可能收获奇效,改善其对待课堂的态度。我在传统的教学方式基础上,积极借助现代教育信息技术,利用雨课堂和微助教等新兴工具强化课上师生互动和学习效果的及时反馈,利用 Bb 平台和微信群等增加课下师生间的互动答疑。当然,教学不仅要"身入"更要"心至",工具是无法代替真心的,多种工具的开发使用折射的就是这样的真心,是教师想方设法努力提升教学效果的态度和追求,而有这样的态度和追求则必然能够与学生产生共鸣并获得更好的教学效果。

课程教学评估过程中,在专家的帮助下,我在教学思路和教学目标方面都有了更深层次的思考和体会。我也渐渐发现,时代在发展,学生的需求也在变得更加丰富和多元,如何进一步优化教学各个环节,如何做到"精准滴灌"、因材施教,将成为我今后教学中的重要课题和任务使命。乞火不若取燧,寄汲不若凿井,授人知识不如授其学习方法,使学生真正做到学有所思、学以致用,才应是大学教育的灵魂所在,而我也将为此奋力前行。

多措施提升课程教学效果

胡丽沙[*]

我主讲的课程为"岩石学（下）"，这门课程是地质学专业的基础支撑专业课，其特点是理论与实践并行、知识点繁多且枯燥。我在备课及讲课过程中，一直在思考并实践以学生为中心，使他们在有限的时间内提升学习效果。每节课备课过程中我都会查阅与本课程相关的科研知识、思政热点等，精心准备课程设计与教案。

一、以学生为中心，换位思考，做到学生的利益就是自己的利益

"岩石学（下）"的主要教学内容包括沉积岩和变质岩两部分。沉积岩、变质岩、岩浆岩构成地质学的三大岩类，是地质学专业非常重要的基础专业课，对于后续地质教学实习、"地球化学""沉积环境"与"沉积相"等课程的学习非常重要。然而沉积岩和变质岩的知识点多而杂，岩石类型也很多，怎样在有限的时间内让学生真正掌握知识，怎样真正做到以学生为中心呢？在本课程中，我主要尝试用以下几种方法实现。

1. 课堂上密切关注学生的状态，课后多渠道了解学生的掌握情况

在讲课过程中，讲解到重点和难点部分时，除在PPT中有鲜明标注以外，我还时刻关注学生情况，特别是坐在后排的学生的掌握情况。若发现学生有茫然的表情则立即暂停，并以恰当的方式询问学生是否理解了相关内容，然后进

＊ 胡丽沙，中国海洋大学海洋地球科学学院副教授，2021年春季学期参加学校课程教学评估。

行相应的重复讲解或再次强调重点。在开学的前三周,我通过课间及课后讨论等方式快速认识所有学生。在上课提问互动环节,注意提问课后作业做得较差的学生以及后排的学生,主要起到警示督促的作用;而对于比较难的问题则注意提问平常学习状态较好的学生,注意不伤及学生的学习积极性。在随口可以叫出来学生名字的基础上提问问题,会使得学生有一种自豪感,即老师记住了自己,如果答不好,就会想着主动学习,这样下次老师提问就可以回答得很好了。久而久之,形成良性循环,每个学生都愿意主动学习,且上课遇到难点时便愿意举手示意或直接说没有听懂,方便老师掌握学生情况,并进行相关内容的深入讲解,最终有助于所有学生掌握相关知识点。

此外,为及时了解学生对知识的掌握程度及他们学习过程中产生的疑问和问题,除借助 Bb 平台上传 PPT 课件、电子教材、课后作业及小组讨论之外,我在本学期开始之前还建立了微信交流群,针对课堂及课后学生遇到的疑问与难点及时进行讨论,分享教学资源,如课堂中提到的图片或文献,可以及时通过微信群分享给全班学生。微信群的及时交流,能够更有效快速地掌握学生的学习情况,同时通过发布相关的科研知识(如与课程相关的公众号文章及发表的文献),极大程度提升学生对于本课程的兴趣,逐步培养他们主动学习、主动查阅资料的能力,进而提升学生的专业能力。

2. 手标本进入课堂,强化理论与实践的结合

在讲解到沉积岩和变质岩的具体岩石类型,如陆源碎屑岩、自生沉积岩、区域变质岩、接触变质岩的理论课时,为帮助学生更好地理解和掌握知识点繁多且枯燥的理论课,先于实验课一步,我将手标本带入课堂,在讲解到相关内容的同时让学生观察手标本,达到理论与实践结合,有助于他们理解理论知识。

3. 将学生所熟悉的生活中的现象引入课堂,激发学生的学习兴趣

我主张活学活用,利用已讲授的岩浆岩和沉积岩知识与校园地质密切结合进行教学,通过与已学知识的对比及身边可见的自然现象导入教学内容,这样易于激发学生的学习兴趣,帮助他们理解理论知识。如讲解到沉积岩的形成过程时,我选取校园的"五子顶—地质楼后的人工河—图书馆前的人工湖"作为一个小型的源—汇体系。通过该小型体系讲解沉积岩的形成过程,内容主要包括:①沉积物的来源(五子顶花岗岩风化产物、生物化学作用产物);②沉积物的搬运(下雨形成的地表径流携带五子顶的碎屑物质等进入地质楼后的河流中);

③沉积物的成岩和固结。同时,我布置作业,让学生课后去观察校园中这三处发生的一些地质作用,联系课堂所讲,让学生更好地理解沉积岩的形成过程。

在采取以上三种教学方法后,课程的中后期,明显感觉学生接受本课程知识的能力增强,且学习兴趣渐浓,师生感情逐渐深厚。

二、理论与实践两手抓,两手都要硬

"岩石学(下)"是一门实践性非常强的课程,在上好理论课的同时,实践部分也需要下功夫,这样才能达到理论与实践两手抓、两手都要硬的教学目标。我主要采取以下方法进行。

1. 显微镜+电脑显示微观结构

在上实验课时,结合投影仪与显微镜,给学生展示岩石的镜下矿物特征、结构构造特征等,使学生对岩石的镜下组成一目了然。在学生自己观察标本的过程中,如遇到不懂的,将薄片拿到前台教师显微镜上,然后通过电脑屏幕给学生答疑;如遇到共同问题,可以直接以大屏幕的形式分享给全班学生。运用该方法极大地提高了学生对薄片鉴定的掌握能力。

2. 将今论古思维运用于本课程

采用将今论古思维,加强本课程理论与实践知识的理解。除利用校园自然景观比拟沉积物的源汇过程之外,我还利用周末时间带学生去仰口现代沙滩,通过观察和鉴定现代沙滩不同位置沙子的结构、矿物组成等特征,结合周围地质单元(如仰口沙滩西侧的崂山山脉)讲解源区岩石类型(崂山主要由花岗岩组成)及沉积搬运作用(水动力的分选作用)对最终形成岩石(沙子)的矿物成分、结构构造的影响。反之,在掌握现代沙滩的成因之后我们也可以通过岩石去推演岩石形成时候的物源及沉积搬运特征,从而使学生既掌握了岩石鉴定方法也掌握了岩石成因分析的方法。

3. 与后续的地质教学实习紧密联系

本课程的重要教学目标之一是:学生学习本课程之后,可以在后续开展的地质学实习中识别并鉴定出野外实习路线中的岩石,简单分析其成因。因此,在上课过程中,我也选取了大量的实习图片讲解相关内容,提前让学生熟悉与本课程相关的野外知识。这样,到他们参加地质教学实习的时候,理解及掌握相关内容会容易很多。

三、坚持课程思政，强化科教融合

本课程的授课对象为大二第二学期的地质学专业学生，他们已具备所有基础课和部分专业课的知识储备能力。部分学生已经跟着相关老师做 SRDP 项目，因此，在本课程中可以适度加入科研知识，提升学生的专业高度。在该课程的教学过程中，我一直注重结合本课程的特点，着重培养学生解决复杂问题的综合能力和高阶思维。基于以上基本思想，在开展教学过程中，我遵循科研反哺教学的原则，通过适当的科研前沿知识的介绍，提升学生的创新性，并结合思政热点，培养学生的专业热爱度。我主要运用以下几种教学方法。

1. 穿插思政知识点，培养学生爱国爱专业的情怀

在讲解到砂岩部分的时候，向学生介绍组成砂岩的沉积物沙子是建筑及工业的必备原料。如今黄沙的价格越来越高，而且也越来越难购买。因此围绕如何增进我国沙产量的问题，学生以所学的地质学知识为基础出谋划策。讲解到泥质岩的主要成分时，我以举世闻名的景德镇陶瓷为例，说明其原材料即为高岭土，告诉学生学好沉积岩不仅是为了拿学分，也对我国国民经济发展具有重要指导意义。

2. 科研走进课堂，培养学生的创造力和高阶思维

在讲典型沉积环境——浊流沉积时，我结合研究方向，将浊流沉积的研究手段及意义穿插在课题中，引导和把控教学过程，让学生主动思考科学问题，更好地让学生理解课程的理论知识与实际的联系，培养学生对沉积岩石学的兴趣；同时鼓励学生阅读相关文献，逐渐培养解决复杂问题的综合能力和高阶思维。

用热爱点亮三尺讲台

冷鼎鑫*

冬去春来,转眼间距离自己参加2021年春季学期的课程教学评估已经过去了近两年的时光。满是回忆的16个教学周让我忙碌着、辛苦着,却也前所未有地经历着、成长着。很感激学校提供了这样一个学习的机会,让我对教师的责任与担当又多了一分理解与体会。

一、要给学生一碗水,自己则要有一桶水、一缸水

初入海大时,便时常听起老师们谈论"课程教学评估",每每听到课程教学评估优秀教师的样本案例,心里都充满了敬畏与佩服。这份敬意督促着我在准备评估时更加认真和努力。在准备评估之前,我联系了学院里课程教学评估优秀的老师,去他们的课堂上听课取经;我也找到了学生评教分值位列前茅的老师,去和他们请教如何让学生爱上课堂,享受学习。交流中,老师们的敬业精神深深感动着我。在观摩课堂教学中,我发现老师们或紧跟时事课程思政,培育学生们的家国情怀;或融入实际工程案例,让学生发现课本知识的实际用武之地,使他们认识到知识的价值,未来可以学以致用;或精心列举历年考研试题,让学生提前熟悉考研知识对课本内容的升华与提炼,明确未来努力的方向;或挑选国

---

* 冷鼎鑫,中国海洋大学工程学院副教授,2021年春季学期参加学校课程教学评估。

赛、省赛的经典试题,让学生懂得利用所学知识解决案例问题的基本思路;或加入动手操作实例,让学生在切身感受中体会冷冰冰公式背后的活灵活现;或预设研讨型题目进行翻转课堂,让学生成为课堂的主人,在讨论中加深对课本知识的运用。每一次成功的课堂互动都浸透着教师深入的教学思考和精心的课前准备,花费了其大量的时间和心血,蕴涵着其对教书育人的深刻理解,更反射出其对自身责任的看重与敬畏。

在我参加课程教学评估的学期之初,团队里教学经验丰富的老师便耐心地向我传授教学之道:每次课上的内容都需要课下的精心排练,掐表计时,要对课堂上的每个环节、每个可能出现的问题都做出预设,要把课堂的每一分钟都做好设计,用到极致。唯有这样,才能使自己在课堂上游刃有余,挥洒自如。正是这样的交流,让我明白了经验丰富的老师任何一节课堂的成功展示与来自学生的热爱都是实至名归的,值得学习与尊敬,而对授课本身的责任与热爱更应传承与延续!

二、在评估过程中不断改进、提升

在参加课程教学评估过程中,共有20余位专家来听过我的课,其中有讲授课程内容高度重合的小同行专家,也有理工科平行组的大同行专家。每次听课结束专家都会真诚地给出意见,他们对课堂效果的肯定让我备受鼓励,对课堂内容的改进建议让我明确了努力的方向。在每节课的准备过程中,我认真思考课程中的知识点该如何讲解才能让学生更加容易理解、对课堂教学更感兴趣。为此,我总结了如下几个方面。

1. 积极挖掘课程思政要素,坚持立德树人

我在绪论章节里向学生展示材料力学在我国工业化革命中担任的重要角色,一个个叹为观止的工程实例记录着科学家们应用材料力学完成实际设计的高光时刻;在工程构件变形和受力章节,介绍我国东汉力学家郑玄通过弓力试验,揭示变形与力的关系,比胡克定律早1500多年,增强学生的文化自信;在讲授构件强度分析时,经过理论推导得出构件强度取决于结构中承载能力最弱的部分,并与学生讨论木桶理论:对于个人而言,只有正视自己的缺点,才能提高自身素质,对于团队而言,提高团队成员每个人的能力,才可齐头并进,共同努力;在压杆稳定章节里,介绍欧拉公式背后的故事,启发学生体会如何应用精巧

的假设条件求解复杂的力学问题……

2. 精心设计互动,强化层层推进式讲解

面对力学课程中大量的公式和专业知识点,如何提高学生对课本内容的理解,让学生爱上课堂,提高学习热情是教学的难点之一。我在讲授过程中基于对课本知识的深刻理解,通过层层分解知识点,图文并茂地递进式教学,让学生始终紧跟课堂节奏,达到加深理解的目的。例如在讲解超静定问题时,从问题定义与难点入手,将问题抛给学生,引发思考,再结合变形协调关系与胡克定律,引出解决问题的关键,让学生领会解决超静定问题的补充方程构造方法;在讲解弯曲应力时,从关键单元体提取到平衡方程构造再到切应力互等定理的运用,逐层展开解决问题,让学生体会剪切应力计算过程的精妙;在讲解压杆稳定的欧拉公式时,让学生体会假设条件对求解问题的重要性,并综合运用高等数学知识及图形法理解欧拉公式的计算过程;在讲解约束条件对欧拉公式的影响规律时,让学生走上讲台,亲身试验不同约束下的压杆稳定临界力差异……这些改变和层层引导,使学生沉浸其中,不自觉地就加深了对课本内容的理解,而不需要一味死记硬背公式。也许多年后学生还能回忆起课堂上那根长直尺的稳定性试验,念念不忘约束条件与压杆稳定的关系。教室里从第一排到最后一排的学生都抬头跟进课堂内容,远离手机,让我觉得很有成就感,感觉辛苦的备课过程都是值得的。

3. 面向工程应用及常用数值模拟方法,拓宽教学应用实例

在课程教学中,我坚持将课本知识的基础内容与实际工程案例相结合。在几类基本变形的典型习题讲解过程中,映射其实际应用场景,例如机械专业中电机输出转轴的扭转问题、轴承支撑轴类元件的弯曲问题、工程应变测试与外载荷估算问题以及组合变形轴类构件的强度分析等,让学生将所学内容与实际问题建立联系,提高解决分析实际工程问题的能力。此外,除了课程教学中的经典理论分析方法以外,目前常用的有限元分析方法在实际应用中也占据了相当重要的位置,课堂上我加入了数值分析的实例操作,使学生分辨理论分析与数值方法的求解异同点,对今后学生们继续研究生阶段的学习及实际工作中的强度分析颇有益处。

4. 利用网上教学资源及 Bb 平台,助力课堂教学

我还建设完善了"材料力学"课程的 Bb 平台,将其定位为课程的第二课

堂,使其成为在课堂以外师生最重要的交流平台。网站主要包括课程描述、教学大纲、教学课件、课后作业、补充材料及链接、网络讨论等板块,学生可上传研讨型作业并将主要问题发送给教师,深化信息化技术与教学的相互融合,提高师生交流频次,帮助学生巩固理解知识点。

　　教学评估让我成长着、收获着,在榜样教师的带动下,在样板课程的引领下,在专家细致的评课交流中,我在教学设计与课堂讲解方面都有了长足的进步,也积累了不少的经验。心怀感恩,不忘初心,爱上教学,醉心课堂,享受与学生交流的每分每秒是教师身份赋予我的光荣与幸福!

多措并举,努力提升"药学分子生物学"课程教学质量和水平

韩　峰*　■

2021 年秋季学期,我以"药学分子生物学"课程参加了学校的课程教学评估工作。一学期下来,在专家的指导下,我深入研究和进一步明确了课程教学目标,不断改进课程教学设计,在课程教学过程中努力改进教学方式方法,积极开展课程思政工作,不断进行科教融合,课程质量不断提升。

一、推动课程思政走深走实

2017 年我就在"药学分子生物学"课程中开展课程思政建设,通过研究国家政策、搜集科学家事迹、分析科研过程的经验教训、研究反面典型案例启示等,从中深挖思政元素,包括政治认同、家国情怀、文化素养、宪法法治意识、道德修养、科学思维方法、科学伦理、责任感使命感、医者仁心等,每一次课都包含多个课程思政点,做到了课程教学过程的全覆盖。我精心设计,使思政元素自然融入教学内容中,让学生自然而然就受到了立德树人的教育。2020 年该课程还被评为学校首届课程思政示范课程。

针对新冠肺炎疫情防控,我在核酸结构、突变、RNA 复制等知识讲解环节都对新冠病毒致病机制进行了解析,并及时跟踪最新进展向学生进行讲解,例如 Omicron 突变株的发现、我国开发的疫苗及抗体对该突变株的效果等最新研究进展,刚刚报道了几天就出现在我的课堂上,引起学生的极大兴趣,增强了

---

*　韩峰,中国海洋大学医药学院教授,2021 年秋季学期参加学校课程教学评估。

"四个自信"。同时,我还组织学生组成小组,针对新冠疫情进行调查,以新冠病毒的发现和确认、关键蛋白结构、诊断技术、感染机制、小分子治疗药物研发、抗体药物研发、疫苗研发等七个专题进行课堂汇报和讨论,促使学生思考、总结。学生在课堂汇报时表示,我国的防控措施、科研成果可以保证我们是安全的,生活在这样的国家,我们感到放心和幸福。

我做的匿名教学调查显示,91％的学生非常同意或同意"老师讲的科学家故事、科学发现历程对我很有启发和帮助,激发了我的科研兴趣和爱国热情"。校报记者在我的课上进行了采访,学生也表示我讲的内容帮助他们塑造了正确的价值观,增强了政治认同。听课专家认为我的课程思政元素丰富,融入自然,值得借鉴。

二、深入开展科教融合

分子生物学是一个新兴学科,也是一个和药学学科各领域交叉融合的学科,各种新理论、新技术、新发现层出不穷,可以说每年都有"颠覆教科书"的发现。我平时就很注重积累,看到本领域重大发现就及时收藏、整理,加入教学内容中。随着科研水平的不断提升,尤其是"双一流"建设以来,学校围绕国家战略和学术前沿,科技创新能力有了长足发展,创新成果不断涌现。我们实验室的鲨鱼抗体、细菌小 RNA 沉默基因表达、蛋白糖基化修饰、定向进化等,医药学院李德海、李文利、周建峰、卢玲等老师和水产学院何峰老师的研究成果都加入了我的教学内容,做到每次课的科教融合点都有 2～5 个。

我在授课时不仅仅讲解科学发现,还深入阐释科学发现的过程,遇到什么样的困难和问题,科学家是如何思考、如何解决的,以此培养学生创新精神和创新思维,提升科技创新能力。针对某些问题,例如新冠病毒 RNA 复制修复、Hsp70,我还组织学生讨论,引导学生思考:这些可以作为药物开发靶标吗? 如何开发药物? 通过讲解和讨论思考,学生能够运用自然辩证法来正确认识问题、分析问题和解决问题,也培养了不畏艰险、探索未知、追求真理、勇攀科学高峰的责任感和使命感。

三、精心设计教学过程

在这次评估期间,我认真备课,反复论证确定课上授课内容和课下复习、预习内容,认真设计教学过程,对家人进行试讲,听取他们的意见进行改进,以求达到逻辑严密、层层递进、引人入胜的效果。经过这样的打磨,我的教学能力明显提高,授课效果显著提升,并在本学期医药学院教学比赛中获得了一等奖。

根据专家提出的意见建议,我对课程不断进行整改提高。如多位专家提到所讲内容较多,学生在课堂上不能完全掌握,我在后期就开始精简内容,把相对简单的内容放在 Bb 平台上让学生自学,课堂上主要讲新方法、新技术,利用有限的时间把内容讲透;组织学生讨论,让学生在讨论交流中加深理解。有专家提出教学目标的写法需要改变,教学方法在不同章节中同质化;教学大纲应更明确体现"药味",等等。于是我在后期对教学大纲、教学设计进行了修订。还有专家提出生物是"通过"某种机制达到基因表达调控目的的,而不是"采取"某种机制,因为后者会让人认为生物可以自主选择调控机制,这也让我受到极大震动。我把这些专家问题和学生讲了,学生也为专家严谨求实、精益求精的精神所感动。此后我会更加严谨地对待讲课,力争做到不出差错。

"工程地质"课程的教学内涵与工科思维

寇海磊 *

我于 2017 年初入职中国海洋大学工程学院,承担工程学院土木系"工程地质"课程的教学任务。该门课程在土木工程系是第一次开设,之前没有老师讲授过这门课程。作为一名刚入职的年轻教师,面对这种情况我压力很大:如何将这门课程融入土木工程专业的教学过程中?如何

讲授这门课程才能让学生获得更多的理论与实践知识?如何才能让学生在掌握工程应用技能的前提下获得与之相匹配的理论知识?入职五年来我一直在思考工科课程的教学内涵与工科思维如何兼容这个问题。在五年的教学实践中,我主动与学生沟通,了解他们的实际想法;同时,主动向学院里教学经验丰富的老师学习,逐渐掌握了工科课程的授课技巧,总结了工科课程的教学内涵,并深入挖掘课程思政元素,将其自然融入课堂教学中,努力做到春风化雨、润物无声。

2021 年秋季学期我以"工程地质"课程参加了学校本科课程教学评估,进一步吸收了学校不同专业具有丰富教学经验的专家的意见和建议,在很多方面进行了改进。

---

* 寇海磊,中国海洋大学工程学院教授,2021 年秋季学期参加学校课程教学评估。

一、注重课程思政，努力做到立德树人、润物无声

结合本专业的特点，我在讲授"工程地质"课程时，将课程思政自然融入授课过程中，强化工程地质在国家大基建进程中的重要作用。结合当前国家的时事要闻，以川藏铁路建设、黄河三角洲流域生态保护、青岛地铁建设、中国海洋大学西海岸校区建设等遇到的工程地质问题为背景，以知识输出倒逼知识输入，引导学生感受工程地质与日常生活的相关性，使学生意识到工程地质在国民经济建设中举足轻重的地位，鼓励大家积极投入国家基础建设发展中，进一步激发学生的学习动力。

二、以学生为中心，注重翻转课堂在工科授课中的应用

作为土木工程专业的基础课，"工程地质"的学科知识点多，涉及知识面广。根据本课程特点，我在授课过程中注意使传统教学与网络化教学创新融合，优势互补，以逆向设计法组织教学活动，采用分类指导教学法，将"媒体化、数字化、网络化"融入课堂。对于工程实践较强、便于网络查询的知识点，组织学生以小组为单位进行课下自主学习，课上以 PPT 形式向大家展示。展示结束后，教师对相关知识点进行点评，并在后续授课过程中进行拓展与深化。这样的过程充分激发了学生自主学习、团队学习的主动性和积极性，课程教学效果好。

三、鼓励学生实践锻炼，培养学生工科思维

"工程地质"课程是一门实践性很强的专业基础课，注重培养学生的实践能力，在实践中建立学生的工科逻辑思维。该课程的课后实践依托工程学院土木工程实验室、海洋地球科学实验教学中心进行，引导学生在已有知识基础上进行实践观察，并完成实践报告；同时，利用课后时间带领学生进行课下实习，结合课本知识对正在施工的中国海洋大学崂山校区学生宿舍楼项目进行分析，实现课堂教学与课下实验实习实践的有机结合，支撑课程目标的达成，培养学生树立正确的工科知识构建、问题分析和创新探究的能力。

四、突出海洋特色，将海洋强国战略融入课程

我在授课过程中注重突出海洋特色，重点展示工程地质在海洋强国战略中

的地位与应用。有意识地将工程地质赋予海洋特色,强调其在海洋土木工程中的应用形式,实现书本知识到海洋强国战略的过渡,既引发学生的学习兴趣,又实现了专业知识的覆盖。在授课过程中,将自己从事的科研工作、社会服务案例有机融入教学过程,采用喜闻乐见的方式帮助学生掌握教学内容,有效拓宽了学生的视野。该方式突破了传统土木工程大类"工程地质"课程的窠臼,彰显了具有海洋工程地质特色的教学设计与课程模式。

经过本次教学评估,通过向本校不同专业教学专家学习,我深感本科教学工作的不易。本次授课过程中组织学生课堂展示三次,评估专家听课22次。教学专家在上课语速、PPT内容、调动学生上课积极性等方面提出了宝贵意见,每次上课我都会根据专家的意见进行改进。通过本次课程教学评估,我的授课水平得到了很大提高。在今后的本科教学中,我还会秉持本次参评的态度,进一步改进和加强本科教学工作。

痛并快乐，与学生一起成长

毕 蓉[*]

这个题目的前半部分来源于我比较喜欢的一本书，是白岩松多年前写的[①]，上一次看时我还是一名学生，这次看时我已是一位加入大学教师队伍数年的踌躇青年。不同时间看，感悟不一样，以前总想着自己能从书中学点什么，而现在，总想着能为学生多做点什么。2021年是我承

担"大学化学"这门课教学任务的第六年，此次也是我第二次参加课程教学评估。时光如梭，这六年之中有岁月不饶人的感慨，更有令自己欣慰的收获和成长。相比于第一次参加课程教学评估，本次参评的体会更为细腻、更为深刻，可以总结为学习习惯养成、知识体系构建、反馈机制建立。

一、以培养学生自主学习能力为基础，注意引导学生进行自主学习

很憧憬，在每年的秋季学期与一群刚进入大学校园的学生相遇相识。他们有初生牛犊不怕虎的冲劲，也有能否适应大学生活的惆怅；有对化学学科的熟悉与喜爱，也有中学阶段学习化学障碍的不安与恐惧；有高考考过化学基础较好的情况，也有只参加过高中化学会考基础比较薄弱的现实。尤其是今年，新

* 毕蓉，中国海洋大学海洋化学理论与工程技术教育部重点实验室副教授，2021年秋季学期参加学校课程教学评估。

① 白岩松. 痛并快乐着[M]. 武汉：长江文艺出版社，2018.

高考制度首次在多个省市实行,选课学生化学基础参差不齐的情况尤为凸显。

针对学生的这些特点,我意识到"大学化学"这门课不仅要向学生讲授化学相关知识,更要不断培养学生的自主学习能力与习惯。自主学习能力的建立和良好学习习惯的养成是学生进行大学学习乃至终身学习的基础,因此,我要求学生养成预习新内容和及时复习已学过的知识的习惯。我使用雨课堂教学工具软件对学生预习情况进行检验监督,对于预习时间过短的学生,一一谈话并提醒。除了对预习时间监督外,还通过分小组展讲预习内容的形式对预习的质量进行把关。到本学期中期时,大部分学生已经养成按时预习的习惯,能够高质量完成预习内容并进行展讲。

二、以构建化学知识体系为主线,有机引入科学前沿和思政教育

"大学化学"课程涉及四大化学内容,以无机化学为主,涵盖材料化学、能源与环境科学部分内容,课程内容十分丰富。同时,选课学生来自多个学院,学生专业包括土木、大气科学、勘查技术与工程等,专业背景差别较大。因此,我在教学过程中始终秉承"培养学生利用化学的思维、化学的方法分析和解决问题的能力"这一宗旨,注意帮助学生构建知识体系,让学生感觉到虽然学习内容多,但是不零散、成体系。比如,对于第一章热力学的重要知识点,在学习第二章溶液和第三章电化学的过程中不断适时加以重复;又如,在学习第四章物质结构基础时,也贯通前面三章的内容,从而帮助学生将知识的内在逻辑贯通起来,并帮学生认识到:对于物质结构知识的掌握可以帮助解释化学现象。

在构建知识体系的过程中,我努力帮助学生认识到自己是"站在巨人的肩膀上"前进,是"徜徉在中华民族悠久历史和文化长河中"前行,这一点要借助科学前沿和思政教育的引入来实现。例如,向学生介绍历届诺贝尔化学奖得主及其事迹,我国著名化学家、著名海洋学家的先进事迹;同时,也注意将自然科学与人文思想相结合,培养有知识、有智慧、有责任感和使命感的人才。

三、以学生学习情况反馈为依据,有针对性定期督促学生提高学习效率

在建立了良好的学习习惯和学习能力的基础上,要努力帮助学生构建系统的知识体系。为了实现上述目标,就要及时了解学生在学习过程中的问题,并

定期加以干预、督促。我通过雨课堂、班级 QQ 群对学生课堂学习效率进行实时监控,对于每堂课随堂练习得分少的学生及时进行一对一谈话,必要时进行课下约谈。及时统计课后作业情况,对于分数低、学习态度不端正的学生进行一对一约谈。充分发挥助教的作用,在助教的协助下对学习成绩较差的学生进行课下单独辅导。总之,做到及时发现学生问题,有针对性地解决问题,以提高学生学习效率。

英国哲学家、教育学家怀特海在其代表作《教育的目的》中写过这样一段话:"什么是教育?当你从学校出来以后,把所有学到的内容都忘记了,剩下的内容就是教育。"根据他的观点,"教育应该是一种融入你血液的智力活动的习惯"。2021 年秋季学期已结束,学生经过一个学期的学习收获满满,不仅收获了知识,而且逐渐建立了良好的学习习惯、培养了自主学习的能力。同时,我也通过参加课程教学评估收获颇丰,实现了与学生一起成长。每一次结束都是为了更好地出发,痛并快乐着,与学生一起成长!

做学生学习的引路人

蒋若冰 *

2021 年秋季学期我有幸以"数字逻辑"这门课程参加学校的课程教学评估工作,带领 51 名以 2020 级学生为主的选课学生共同经历了一段从陌生到默契的令人难忘的教学之旅。从听课专家的全面指导中、从学生给予的正面反馈中、从自我钻研教学的积极探索中,我对育人的理念和意义有了全新的认识,对教学的技术和策略有了深入的实践,对课堂的观察和掌控也积累了丰富的经验。

一、育己育人,教学相长

本次教学评估带给我最大触动的就是学生,他们对我点滴付出的正向反馈让我深受感动和鼓舞,也成就了教与学之间的良性循环。都说"育人先育己",从本次教学评估中,我真切感受到了"先育己"的必要性。

"学高为师,身正为范",教师应率先加强对教育理念、教学手段、课程设计等的学习。学生从课堂上亲历的教学体验、从课件中看到的教学设计、在 Bb 平台上参与的交流互动、从研讨课习题课中获得的问题反馈,所有这些教学环节共同塑造出一个鲜活立体的教师形象,而这个形象对于学生当前和未来学习、生活、工作的方方面面会产生深远影响。老师是否认真对待每一次课堂,是

* 蒋若冰,中国海洋大学信息科学与工程学部计算机科学与技术学院讲师,2021 年秋季学期参加学校课程教学评估。

否衣着得体、精神饱满，教学内容是否精心组织、富有层次、逻辑性强，课堂氛围是否井然有序、节奏明快、鲜活有趣，教学理念是否先进，教学手段是否科学，教学反馈是否及时，教学效果是否明显……学生是感受最真切、最能对比出差异、最有发言权的。

让我十分欣喜的是，当我努力先把自己这端做好时，真的能感染学生，收获满满的正反馈，促使我愈发投入这场教学相长的教学互动中。当我花了两个小时一根线一根线画出一幅时序线路图、将每个组件的线条用不同的颜色组合起来、分别添加动画并按步骤呈现出来时，我分明看到了课堂上学生眼中的专注和课后作业中越来越多的学生加入认真严谨作图做题的队伍中。当我周末将认真准备的研讨题定时发布到 Bb 平台、全程跟踪学生发布的解题讨论帖、将整理好的详解过程易错要点和精彩讨论在课堂上高效讲解时，我分明感受到了学生日益高涨的研讨热情、对创新解题思路的主动思考和对课程内容的融会贯通。

二、多措并举，全面服务

先进的教学理念需要通过丰富的教学手段来落实，高效的教学手段也需要科学的教学理念来指导。在实际的教学实践中，理论结合应用、线上结合线下、教学结合科研、课程融入思政元素，能够有效提升教学效果。

备课环节中，在条理清晰地整理好课程内容和讲解流程的基础上，我应用教学培训中所学的 BOPPPS 教学设计方法归纳提炼各个教学模块，有机整合成逻辑严谨、前后关联、节奏明快的教学设计实例。通过图文并茂的前课回顾激发学生的学习动机进而导入主题；通过明确每次课程的学习目标来构建相应的前测、主体、后测环节；通过设置课堂小练习或者例题问答作为前测快速了解学生的基础知识掌握情况；通过互动密集的参与式教学和研讨式教学，结合生产应用实例和前沿科研课题完成主体内容设计；最后以课程总结和互动问答作为后测环节把控学习效果。

线上互动主要包括基于 Bb 平台的研讨专题、作业提交和评分、音频课件分享，基于 QQ 群和微信的课后答疑，基于学堂在线的相关拓展内容学习。

当我把课前研讨、课上互动、课后交流的多维通道打开时，学生不仅掌握了学习的主动权，提高了学习热情，还能及时获得不同层次的教学反馈和延伸拓展,真正成为教学的中心。

三、敏锐活跃,效果优先

教学活动的主战场最终还是要落实到课堂上,再严谨的教学设计也可能会遭遇各种突发状况的冲击。当设计好的教学节奏被打破时,当学生注意力不集中时,当站起来互动的学生没有思路时,我选择暂时放缓既定的节奏,及时查漏补缺巩固好基础核心,灵活开展教学服务,确保实际的教学效果。

我力求自己的课堂是鲜活灵动的,针对差异化的课堂情况及时调整教学节奏。因为教学的目的不是机械地灌输完既定内容,而是因材施教提高教学效果。为了敏锐掌握学生情况,我的课程设置了大量的教学效果监测点,很多时候甚至是突然袭击式的问答和互动。跨越课堂和章节的多维前后链接也十分丰富,突出知识点之间的层次和关联,为学生构建多维立体的要点网络,启发其多角度思考和创新解决方案。

当我以学生为中心,坚持做好引导和服务工作,并切实感受到学生跟上了节奏而给予及时的反馈时,我的内心也是满足和喜悦的,这可能就是教学的诱人之处吧。

对得起学生，对得起自己

孙　逊[*] ■

2022年春季学期，我主讲的"食品化学"课程参加了学校的课程教学评估工作，一路走来，有些切身的感受，在这里与大家分享。

一、做好学情分析

我的备课是从学情分析开始的。对"食品化学"来说，最重要的学情莫过于"有机化学"这门前置课程学生学得怎么样。遗憾的是授课班级学生的"有机化学"课程平均分是72.1，这个成绩虽不至于是晴天霹雳，但也告

诉我了一个残酷的现实：很多学生的有机化学基础不行！"食品化学"采用双语教学，课件、作业、拓展材料等所有教学材料全都是英文的，一部分内容也是用英文讲的，难度很大。再加上学生有机化学底子不行，这可怎么教啊？在踌躇了一段时间以后，我决定调整已有的上课内容，在课上加入一定量的、有针对性的有机化学基础内容，为后续的学习做好铺垫。除此以外，我还需要了解同期别的课都在讲什么，别讲重复了；我这门课里哪些章节后面会成为某个单独的课程（比如食品添加剂），别展开太多，等等。为此，我与其他专业课老师做了大量沟通，在教学内容上或补充，或精简，做了许多调整。

---

　　* 孙逊，中国海洋大学食品科学与工程学院讲师，2022年春季学期参加学校课程教学评估。

二、三段混合式教学

调查清楚学情,再结合课程宏观目标、章节教学目标等要求,基本上一个章节该怎么上,调子就定好了。下一步就是课程设计。这里又出现了一个难点,"食品化学"课程内容本身这么难,又是双语教学,如何能在不降低课程难度的前提下,保证学生能够学懂？我的思路就是分散难点,加强课前预习、课后复习。在这个思路的指引下,我的课程设计自然而然地就形成了当下最流行的三段混合式教学:课前预习—课上强化—课后复习拓展。

1. 课前预习

为了提高学习效率,我设计了这样一套预习流程:预习指南＋上课视频＋课件＋测试。预习指南告诉学生哪里需要重点学习(章节重点难点＋课件上所有非四六级单词的中文翻译),学生根据预习指南的内容,结合上课视频(预习指南里明确指出哪些小节需要观看)＋课件＋教科书,基本上就会对重点知识有大概的了解,认识里面的专有名词。为了督促学生预习,我又设置了双重保险。第一重:预习测试,记录到总成绩里,测试内容就是预习指南里的重点内容、重点单词,学生不预习,这分就拿不到;第二重:课堂提问,答对了也计入总成绩,提问的问题也是根据预习指南设置的,学生不预习不发言,这部分分数就拿不到。一个学期下来这套流程取得的效果很好,学生预习测试的完成度非常高,上课时学生发言也特别积极。

2. 课上强化

怎样把课讲好,考验的是教师对知识点的呈现方式。本着以学生为中心的教育理念,在内容的展现上,我采取了生活现象导入＋知识点讲解＋知识点应用展开的模式,即在讲解重要知识点之前,先以一个与学生日常生活相关的问题进行导入,然后展开讲解知识点并回答导入问题,在此基础上举出其他应用知识点的例子,强化认知。在例子的选择上,尽量选取学生平时司空见惯的食品现象,以便于学生更好地理解记忆关键知识点。另一方面,我坚信"好记性不如烂笔头"这句话,为了督促学生记笔记,我给学生编写了"笔记纸",其实就是课堂重要的笔记记录点,辅助学生做笔记,学生可以选择性地使用,下课以后把笔记拍照发到我邮箱,这个环节也是计入成绩的。这样既督促了笔记的记录,也同时完成了点名。我也根据每节课的内容做了很多细节的设计,比如食品的品尝实验、自创动图、自创演示图。

3. 课后复习拓展

本阶段是学生真正理解消化知识的环节,也是升华的环节,我设置了"作业＋拓展材料＋知识点总结"流程。在作业内容的安排上,除课上相关知识点的内容外,我还加入了一部分自学内容。自学内容我遵循"不看不会,一看就会"的原则,难度控制在学生自己学习也能够明白的程度。如果学生学有余力,还可以看看拓展材料,这些都是我上课提到的例子的延伸或者是一些重要结论的原始论文。由于作业题总体难度不低,我给学生开了线上线下答疑(线下每周五晚上,线上随时),让学生能够随时和我沟通。这套流程成效还是很明显的,学生作业的质量明显提升,该自学的学了,该练习的练了,知识掌握水平明显提升。

教学评估已过,心中感慨万千。虽然过程很艰辛,但教学评估确实让我受益匪浅,推动了我的教学水平大幅提高,也让学生切身受益,这大抵算"对得起学生,对得起自己"了吧。

"Python 程序设计"课程"一核六翼"教学设计

姜永玲*　■

　　2022 年春季学期,我第二次参加了学校课程教学评估工作。这次距离第一次参加已有 15 年。期间为了确保教学的科学性,克服公共课教学重复性所带来的倦怠感,我阅读了国内外关于编程教学的若干文献,梳理出教师及学生面临的挑战及解决方案,为课程建设及针对性调整提供科学依据,用心设计,精益求精,努力让课程常讲常新。

　　程序设计基本方法的 IPO 模型包括 Input、Process、Output,即输入、处理及输出数据这三个过程。通过借鉴该模型,本课程设计了 IPO 学习体系,包括输入型学习、信息处理及输出型学习。其中,输入型学习指学生通过听讲、观看、阅读等传统教学方式完成信息的输入;信息处理也由学生个体完成;输出型学习则指学生通过练习、检测、分享、互评等方式,将所学知识和技能加以综合、分析和创造,并在新的情景中进行运用,从而将知识转化为能力,并逐步沉淀为素养。

　　经过和教学团队多年的教学探索和实践,在专家的指导帮助下,我对"Python 程序设计"课程进行了系统的规划和设计,总结为"一核六翼"的教学设计。"一核六翼"中的"一核"是指以学习效果为中心,始终贯彻以学为中心的教学理念,提升学生的参与度,提高选择的自由度及课程内容的延展度,提升学习

　　* 姜永玲,中国海洋大学基础教学中心计算机基础部副教授,2022 年春季学期参加学校课程教学评估。

投入度;"六翼"包括学习空间变革、实施混合式教学、全程互动、强化案例教学、基于学习数据精准开展教与学、多元学习支持六大举措,以此不断提升教学效果和学习效果。

一、优化学习空间,契合课程强实践特性

不同的学习空间会带来学习体验的差异。[①] 计算机类课程有突出的实践特性,该课程融合了理论与实验课,将学习空间由传统教室改为研讨型机房,采用即讲即练的方式:学生在教师讲解后立即在计算机上验证,实现做中学、学中做。这种学习空间及教学设计符合计算机类课程的强实践特性,打破了理论课和实验课的壁垒,将知识、技能与大量练习紧密融合,有效提升了学生的编程学习体验,同时对教师的教学设计及课堂把控能力、应变能力提出了更高要求。

二、实施混合式教学,促进全过程学习投入

该课程的混合式教学包括课前预习、课上听讲—实践—互动、课后巩固与应用、教与学持续改进四个阶段,同时通过多元的教学策略、学习方式(个人与小组学习)、学习平台(程序即时评测平台、Blackboard、雨课堂等)、学习资源与支持等为学习全过程保驾护航,实现了线上线下结合、学生全过程参与、全周期监测、迭代式持续改进。我在每周五固定时间推送含视频、文字及测试题的预习课件,并在课前五分钟反馈预习正确率及学生提出的学习困惑。

三、全程互动,让学生"卷"入学习

脑科学研究结果显示,人类精神高度集中的持续时间有限,一般为 15 分钟,因此须通过互动设计引导学生从被动听课转为积极学习。

课程设置了多个由易到难、由基础到综合的学习活动,要求现场编程解决。课上采用"微讲授—编程—评价—反馈"教学流程:①教师完成重点讲解;②学生独立或以小组为单位完成多个学习任务,期间教师及助教开展个别化指导;

---

① Thomas C L ,Pavlechko G M ,Cassady J C . An examination of the mediating role of learning space design on the relation between instructor effectiveness and student engagement[J]. Learning Environments Research,2018,22:117-131.

③布置编程任务,由平台自动评测或小组基于评分要点互评;④教师根据实时学习数据进行反馈,学生修正认知、调试代码。在任务驱动中,学生被卷入分析及解决问题的深层学习中,不仅学习了知识、提升了技能,而且收获了解决现实问题的成就感。同时,互动学习活动体验及获得的学习数据反馈促进了学生对学习投入、学习效果、习惯等的反思,有助于提高学生的元认知能力。

四、扩展教学案例及任务,促进学生解决真实问题

真实任务是指在知识、技能和态度的整合方面、任务的复杂度、任务的自主权方面类似于日常实践的任务。② 该课程扩展了数十个贴近学生学习、专业需求的案例与学习任务,同时设置了多个综合示例程序(表1),囊括了某章的主要知识点,致力于解决专业及生活中的真实问题。随着学习逐渐展开,示例程序版本多次迭代,最终形成完善的代码,呈现了章节学习后的完整成果,避免学生"只见树木不见森林"。

表1 课程扩展教学案例及学习任务(部分)

案例类别	案例名称
游戏类	抽奖系统、剪子包袱锤、踢足球、扫雷游戏、猜数、掷骰子、句子扭蛋、抓狐狸、消消乐、井字棋等
生活类	冰墩墩图标、交通信号灯、加油站分级、火车站安检、折纸与喜马拉雅、穷人与富人的交易、选课优化、全国四六级高频词统计、民宿评价分析、歌手专辑分析及可视化呈现、建立网红词词典、研究生导师查询、彩票分析与预测、股票分析
小组项目	利用turtle设计小组logo并分享
	化学实验管理、食品营养学小程序、崂山校区共享单车分布可视化、鱼类产品存储系统、近海城市天气状况数据可视化分析、微博热搜词云分析、知名企业数据抓取
综合示例	电影票销售系统
	电影票销售系统1.py:普通版本,以二维列表及字典为数据结构(第6章)
	电影票销售系统2.py:通过函数(第5章)实现了模块化
	电影票销售系统3.py:在经过第7章学习后,形成了文件保存版本(120行)

---

② Judith T M,Ther J B,Paul A K. 真实评价设计的五维框架[J]. 钟志贤,刘春燕,范志忠,编译. 远程教育杂志,2009(4):69.

通过设置这些案例使得学生将所学知识与真实世界建立了联结,运用所学解决现实问题。这不仅使学生了解了编程对专业及未来工作的支撑作用,产生了内在学习动机,更重要的是让学生在问题分析与解决过程中,将知识活化为能力,进而训练计算思维。学与做相结合、知与行相结合,既是深度学习的要求,也有助于提升学生的自我系统,提高学生的学习动机和兴趣,提升学习的意义感,有利于培养学生发现问题、分析问题及解决问题的关键能力。

五、基于数据,精准地教与学

缺乏信息技术手段的学习过程犹如黑箱,教师难以获得学习行为数据和结果数据,无法追踪学习进展,亦无法进行个性化指导。本课程基于多元教学平台收集了学习全过程的数据(如访问量、参与互动次数及时长、作业尝试提交次数及时长等),有助于量化学生学习效果,刻画学习轨迹。教师借助学习数据开展循证教学,得以建立对学生及学习效果的精准认识,并可对有高学习风险的学生尽早进行干预,对有高学习成就感追求的学生可以布置更有挑战度的任务,推动个性化发展。学生则可根据数据获知自己的学习进展,明确知识结构及能力的欠缺,进行学习反思。

六、多重学习支架,全力支持学习提升

不同的学生有不同的学习偏好(如偏好视频或文本、倾向多做练习或适当练习、偏好个人或团队学习),课程准备了多重学习支架:多种类型的学习资源、多元教学策略、个人及团队学习方式、多元学习平台、多种形式的学习检测,并确保学生获得教师及两位助教的全过程课内外学习支持。

如今,我愈发觉得参加教学评估是一段珍贵的、个性化学习的旅程。在数十位专家给出的专业建议指导下,我将压力转化为动力,转变教学理念,提升教学能力,并加深了对兼职从事教师发展工作的认识。感谢学校高教研究与评估中心同仁及诸位教学评估专家的用心指导。作为教育者,我们永远在路上。

坚守初心，深耕课堂

谢迎春 *

时光荏苒，此次参加学校课程教学评估，已是在执教的第 17 年了。珍惜且尊重课堂，认真对待课堂上的每一分钟，这是我初为老师的承诺，也是我这十几年来坚守的初心。这一学期非常特殊，经历了"线下—线上—线下"多个教学阶段，困难和成长并存，关于课程、关于学生、关于自己，都有很多体会和收获。

一、关于课程

"工程流体力学"课程理论性、应用性以及学科的渗透性都很强，与本专业所有基础和专业学科之间都有交叉，课程内容学习难度较大。针对课程教学中存在的难点问题，我从学情分析开始，全面贯彻以学生为中心的教学理念，以工程案例为牵引，有效融入思政元素，多环节组织教学，多手段实施教学，多元化评价教学，实现教与学的螺旋上升，不断提高课程教学质量。

（一）深挖思政元素，培养学生的家国情怀

为了能真正做好课程思政，达到"润物细无声"的效果，我查阅了近两年发表的关于"工程流体力学"课程思政的文献，深入学习、分析，确定了本门课程思政教育目标为：①增强民族自信，厚植爱国主义情怀；②强化工程伦理教育；

* 谢迎春，中国海洋大学工程学院教授，2022 年春季学期参加学校课程教学评估。

③培养唯物辩证的科学思维方法;④引导学术创新,弘扬科学家精神。围绕这四个目标,针对授课学生的专业特色,结合课程讲授的具体知识点,我精心将思政元素融入教学设计中,以达到知识传授和价值引领相统一、显性教育和隐性教育相统一、总结传承和创新探索相统一。

(二)精选工程案例,提升学生的工程素养

"工程流体力学"有两个关键词:"工程"和"力学",但是理论教学与实际工程差距较大,课程教学目标设计模糊会造成理论与实际脱节,制约学生的工程应用能力。为了解决这个问题,我在授课过程中设计了案例导入法,每一讲都针对授课内容,结合专业特色、教师科研项目以及学生兴趣精选典型案例,如"船吸现象""海洋平台环境载荷模型实验""火箭发动机的缩颈结构""足球任意球直接破门背后的力学原理",导入课程内容,有效展现流体与工程的关系,激发学生的兴趣,增强学习的主动性,有效提升课程的教学质量。

(三)架构"三道题"教学设计,即时评估课堂教学效果

本学期课程经历了"线下—线上—线下"三个授课阶段,线上教学如何保持学生的注意力和评估教学效果是个难点。为此,线上阶段我采用 Bb 平台开展教学,在每部分知识点讲授结束时,精选三道课堂练习(一般为单选题)即时评估课堂教学效果:第一道题是浅层记忆的题目,检查学生听课情况;第二道题是需要理解的题目,检查学生的知识点掌握情况;第三道题则是需要分析计算的题目,检查学生的知识点应用情况。根据学生的答题情况,调整课堂的内容和节奏。这"三道题"的教学设计也延续到了线下教学阶段,在课堂上我通过雨课堂教学工具以在线答题方式继续实施,收到了较好的教学效果。

(四)优化教学评价,完善课程教学评价体系

设置形成性评价与总结性评价相结合的教学评价体系。在教学过程中,确定形成性学习单元的目标和内容,主要章节结束后设置一次形成性评价,及时分析结果,判断教学效果,并及时调整教学方法和形式。在课程教学的期末进行一次总结性评价,以预先设定的教学目标为基准,对达成目标的程度做出评价。

二、关于学生

对于课程面向的学生,提前通过和其他授课老师以及班主任交流,了解了

学生先修课程的学习情况以及个性特点,了解学生的现有知识经验和心理认知特点,因材施教。当然,"以学生为中心"不是取悦学生,在了解到这个班级课堂气氛不活跃、上课玩手机现象比较严重的情况下,通过线上线下交流、课堂纪律要求、教学互动设计等多种手段,力求在完成课程教学目标的同时能给学生带来一些改变。当然,"改变"有时候是痛苦的,打破舒适区可能会带来"不适感"。针对学生的知识经验和学习习惯不同,我时刻关注少数学生的"痛点",精雕细磨,让他们在"不那么轻松"的学习过程中得到了一些改变和成长。

三、关于自己

回想这一学期的评估,感慨很多,从学情分析、课程设计、案例库建设、课件打磨到 Bb 平台、Classin、雨课堂,付出了很多努力,也收获了很多。我会为一个特别好的案例设计、特别满意的 PPT 兴奋不已,跟同事讨论,让同事点评,然后我再修改、优化,乐此不疲! 我会围绕我的教学设计去尝试各种教学手段,线上教学为了板书讲解例题采用了 Classin;为了完成线上虚拟实践而采用了 VR 云平台;线下教学为了"三道题"在线答题的教学设计而融入了雨课堂。没有刻意去选择任何教学手段,却在完成教学目标的过程中学习和融入了各种手段。"教学设计是课堂教学的灵魂"是我这次参加课程教学评估很深刻的体会。

感谢这次评估和各位专家的宝贵建议,为了做好一件事竭尽全力的过程是美好的,有压力、有监督、有帮助、有提升的过程也一定是我执教生涯中最珍贵的经历。

探索有效教学模式，关注学生全方位成长

罗斯丹[*] ■

2022 年春季学期"财政学"的课程教学评估工作告一段落，一个学期 16 周的教学任务，每周 25 小时的课前准备和两小时的课后互动，20 多人次的评估专家的现场听课和悉心指导，57 位学生的参与学习和温暖陪伴，这趟教学评估之旅令我满载而归，也使我向自己心中理想的大学课堂迈进了一步。现就参加评估以来在教学内容、教学方法、教学效果三个方面的变化，谈谈我的心得体会。

一、以规范的经济学语言，讲述中国财政故事

财政是国家治理的基础和重要支柱。作为经济学的分支学科，财政学运用福利经济学研究框架探讨政府的收入支出及相关经济行为。记得管理学院一位教授曾说过，"每一门课都是有灵魂的"，我深以为是，现代财政学的灵魂是福利经济学基本定理及其包含的规范分析工具。

既然是以政府行为为研究对象，"财政学"课程的学习就离不开分析国情。随着我国社会的主要矛盾由"人民日益增长的物质文化需要同落后的社会生产之间的矛盾"转化为"人民日益增长的美好生活需要和不平衡不充分的发展之间的矛盾"，政府的财政职能必然面临从"提高落后的社会生产"向"实现人民日益增长的美好生活愿望"的转变。因此，如何让学生通过学习，掌握基本概念和

---

* 罗斯丹，中国海洋大学经济学院讲师，2022 年春季学期参加学校课程教学评估。

原理、把握财政学学科"灵魂"、辨识生活中的财政现象、剖析现象背后的财政规律、读懂中国财政故事,成为"财政学"课程的教学目标。

为实现上述教学目标,一方面,我在教学内容章节的每一次过渡中,对学生进行"灵魂"提问,引导学生自主构建财政学研究框架;另一方面,通过课程导入、雨课堂答题、小组作业、线上话题讨论等多种方式将中国财政案例和相关数据融入教学过程中,培养学生用规范的经济学语言,读懂我国公共教育、医疗、养老、扶贫等财政故事,增进学生对国家国情的理性认知。

二、以学生为中心,探索有效教学模式

著名教育家叶澜认为,教学是师生间的特殊交往互动,是一种有目的、有组织、有计划的师生交往活动。"财政学"课程立足以学生为中心,借鉴 TBL 模式和 BOPPPS 模式的主要环节,结合线上的平台优势和线下的即时反馈特征,构建师生充分互动、学生积极参与的有效课堂。

TBL 和 BOPPPS 作为相对成熟的教学模式,有各自的构成要素和适用条件。TBL 模式的核心要素包含小组形成、成员责任机制、课前准备和应用练习,强调关键概念的应用和问题的解决。BOPPPS 则是一个包含导入、确立目标、前测、参与式学习、后测、总结六个环节的教学闭环,强调学生参与和反馈。

基于对 2020 年春季学期 BOPPPS 模式与 2021 年春季学期 TBL 模式两次教学实践的反思和总结,我尝试将 TBL 模式嵌入 BOPPPS 的前测、参与式学习和后测中,即通过前测掌握个人和小组的课前预习情况,在参与式学习和后测环节中,侧重鼓励学生以小组为单位合作完成对教学重点、难点的理解和应用。同时,我通过布置小组课后作业和平台讨论话题将小组合作及参与式学习由课上拓展至课下,由线下延伸到线上。

上述尝试既有利于实现 BOPPPS 的反馈功能,及时了解学生的学习进度,调整教学节奏,也有利于提升学生的 TBL 技巧和能力,促进全员参与,加强生生互动和深层学习。

三、以学习成果为导向,注重学生全方位成长

依照美国教育家布鲁姆的分类,"财政学"课程的教学目标既包括认知领域的基本概念和原理等知识的掌握,也包括加强公共意识、法制观念等情感领域

的目标,还包括增强理性思考能力、提升团队合作技巧等技能领域的目标。

相较于以往,在参加评估的那个学期我投入了更多精力,努力在各个教学环节精益求精。通过设置参与学习(10％)和小组学习(15％)在期末总成绩中的权重,激励学生参与课前、课上、课后各学习环节,明确小组学习责任,积极参与小组活动,提升小组合作技能;通过设置 Bb 平台讨论吧,根据教学进度,发布诸如"关于 WTO 的议事规则,我想说""你认为哪个层次的教育外部性最大""关于瑞士和巴西两个国家的基尼系数,我认为可以解释的原因有"等,具有拓展性和高阶性的讨论话题,培养学生的经济学思维和理性思考的能力;通过布置每周延展阅读文献,或者布置小组作业,如"以小组为单位推荐两篇关于公共教育支出的文献,并附推荐理由",引导学生通过查找、浏览、选择、评价文献,培养科研能力和批判性思维。

付出是有回报的。当面对课堂提问,各小组群策群力、积极抢答时,当讨论吧里的学生在我的不断追问下终于找到了解题思路时,当一位性格内向的学生主动私信我寻求查找文献的方法时,我内心充满喜悦,因为我的学生收获了成长!

感谢教学评估,让我有了一次全身心投入教学过程的宝贵经历,认识到了自己在教学工作中的潜力和不足,也见到了课堂上学生眼睛中闪烁着的理性光芒。

教学是一份"良心活"。有人说教育是个棘手问题,也就是说,评判某种教育的标准不是"对或错",而是"更好或者更糟"。同理,对于教学,我们的回答应该是"还可以更好"。这意味着,作为一名教师,"如何教好学"将是我不断投入、学习和探索的课题,路漫漫其修远兮!

忙碌而充实，累并快乐着

刘云章 * ■

"人体解剖生理学"是一门组织学、解剖学和生理学"三合一"的课程：组织学和解剖学分别从微观与宏观的角度，阐述人体组织器官的基本形态和特征；生理学是核心内容，侧重于分析人体组织器官的生命活动规律和生理调节机制。许多学生在

学习本课程时会产生这样的疑问："明明讲的是我们再熟悉不过的身体，可为什么就是学不明白呢？"究其原因，在于理论知识点繁多，概念抽象晦涩，学生难以消化吸收，存在"学时死记硬背、考后抛干忘净"的现象。而开展实验教学，是非常好的解决之道。医药学院在制订2016版药学专业人才培养方案时，增设了"人体解剖生理学实验"课程，我主动请缨，承担起实验教学任务。伴随着这门课从无到有、从有到精，我付出了、收获了，也成长了。往日种种，历历在目，不妨写下一点点心得，算是对这门课的一个阶段性总结。

一、科学分析学情，因地制宜选取实验教学内容

"人体解剖生理学实验"课程是药学专业一门重要的学科基础课，授课对象为大一新生。而他们的专业知识储备和实验技能训练是较为欠缺的；同时，我院并未专门独立开设组织学和解剖学课程，本课程相当于综合承担了组织学、

---

* 刘云章，中国海洋大学医药学院高级实验师，2022年秋季学期参加学校课程教学评估。

解剖学和生理学三门课程的实验教学。因此,在实验教学内容的选择上,我立足学生知识和能力水平,依托学校现有办学条件,同时参考国内其他院校同类课程的设置,按照"先易后难、循序渐进"的原则,因地制宜地选取列入普通高等教育"十三五"规划的优秀教材中的经典实验内容,拟定了"以生理学实验为主、组织学实验为辅、兼顾人体解剖学认知"的实验教学策略。

犹记得刚开课时,教学资源、实验方案、教学设计……一切从零开始建设,"想想就头大"。为此,我每年几乎大半精力都扑在了这门课上。教学经验不够,我就积极参加国内相关的教学培训,虚心向经验丰富的前辈求教,认真梳理教学细节、揣摩教学技巧。教学设施不够,我就积极搭建虚拟仿真实验教学平台,规划实验仪器购置和升级改造……在尝试中优化,在摸索中提升,教学案例逐年丰富,教学仪器逐年升级,教学设计逐年完善。从手忙脚乱到得心应手,教学环节的衔接也越来越平顺通畅。

二、虚拟仿真与实体实验相结合

借助学校本科知识重构计划项目、智慧实验室项目和信息化项目的大力支持,我筹建了药学虚拟仿真实验教学中心,充分发挥虚拟仿真技术无可比拟的优势,以虚拟仿真为桥梁和纽带,与实体实验相辅相成,走"虚实结合"的实验教学之路,形成"有主有次、有实有虚、虚实互补、取长补短"的实验教学模式。以虚助实——通过虚拟仿真引导学生预习和复习实验内容;以虚补实——将虚拟仿真实验作为实体实验课堂的延伸;以虚代实——对尚不具备实体条件的实验,以虚拟仿真代替。

三、线上教学与线下教学相结合

本课程充分发掘和利用线上教学资源,尤其是虚拟仿真教学资源,开展线上线下混合式教学,推进教育数字化。组织学实验、解剖学认知和生理学实验均实现线上教学资源对线下教学内容的全覆盖,并在实验内容的广度和深度上有所拓展,在实验教学的时间和空间上有所延伸。同时,将各种线上教学资源链接至 Bb 平台,方便学生随时随地进行学习,真正做到人人皆学、处处能学、时时可学。

如何有效地引导和监督学生自主学习?这是所有课程重要的教学环节之

一，尤其是对于实验教学来说，提前预习实验内容至关重要。线上教学过程中学生的学习是有迹可循的，这也方便了我有效追踪学生的学习记录、进度和利用平台系统自动评判学习成绩，提高了过程性考核评价的客观性和准确性。本课程线上教学依托虚拟仿真，线下教学依托学生课堂表现，并辅以实验报告的撰写情况，对学生的综合成绩进行评定。通过优化成绩构成比例，细化考查评价指标，在线上线下混合式教学中构建更加合理、更加完善、多元化的成绩考核评价体系。

四、课程思政与实验教学相融合

本课程对教学内容中所蕴含的课程思政案例进行了深入挖掘和精心梳理，归纳为"历史上的今天、微观世界、动物世界、科学故事、祝您健康、爱心加油站"六个主题，提炼出"爱国情怀、道德情操、法治意识、社会责任、科学修养、生命伦理、健康理念、学术规范"八种思政育人元素。其中，围绕实验动物开展的生命伦理教育是课程思政的核心内容。

部分学生由于恐惧、信仰等因素而对动物解剖有抵触情绪，或者在实验过程中不严肃认真地对待实验动物。因此，我开设了"实验动物福利与伦理"专题，介绍实验动物的五项自由权利和3R原则，以及相关法规和标准、福利伦理审查等知识，告诫学生在开展动物实验时，要善待活着的动物，减少动物死亡的痛苦（康乐生、安乐死），引导学生正确认识实验动物对人类科学事业的贡献和价值，树立敬畏生命、尊重生命、感恩生命、善待生命的伦理观和积极向上的人生观、价值观。

五、课堂讲授与课外活动相配合

在教学过程中，我既注重在课堂上传授专业知识，又注重开展丰富多样的课外活动，"课内与课外"齐头并举，"言传与身教"双管齐下，力求做到寓教于乐、寓学于乐、学以致用。每逢各种医药或者疾病相关纪念日，如世界心脏日、世界高血压日、联合国糖尿病日……开展科普宣传活动，呼吁学生关注健康。此外，我积极指导学生参加"我与实验动物的故事"征文、大学生暑期"三下乡"实践、全国大学生基础医学创新研究暨实验设计论坛等国家级、省级或校级活动，加强了学生对人体解剖生理学知识的理解和应用。

　　教学评估不是终点，而是新的起点；课程建设永无止境，任重而道远。作为一名实验技术系列教师，教学评估并非必须参加，但我仍然毫不犹豫地申报了，一是逼迫自己花心思对这几年的教学工作再次梳理和总结，二是期望借力于这种"以评促建，以评促改"的方式，集思广益，为提高教学质量注入新的助推力。一路走来，忙碌而充实，累并快乐着。在课程建设期间，学校、学院给予了大力的支持和鼓励，令我充满信心，迎难而上；在教学评估期间，评审专家、同事提出了许多宝贵的建议，传授了许多珍贵的经验，令我醍醐灌顶，获益匪浅。在此，我感激不尽！

静心做老师,尽心教学生

陈海花[*]

时光飞逝,岁月如歌。16 年前,从我踏上三尺讲台那一刻,静心、尽心、潜心教书育人,在教学中不断探索,不断成长,成为一名优秀的人民教师,就成为我一生的追求。

2022 年秋季学期,我以"电路分析基础"课程参加了学校的课程教学评估。该课程内容多、理论抽象、分析方法灵活,同时课程还是安排在大一第一学期开设,学生知识基础薄弱,这些都对课程教学带来一定的挑战。本课程涉及的电路分析理论也是后续学习"数字电子技术基础""模拟电子技术基

础""电子仿真实验与设计""信号与系统""数字信号处理"等课程的理论基础,因此引领学生如何有效学习就尤为重要。现就参评以来在教学实际当中的一些体会和收获,与大家分享。

一、深耕教学实际,不断完善教学过程

以立德树人为根本,采用 BOPPPS 教学模式的混合式教学方法,全方位展开课程的教学工作。授课中针对课程特点和授课群体特征统观课程知识点之间的联系,不断修改完善教学设计、教学课件,梳理课程的授课重点与难点,建

---

* 陈海花,中国海洋大学信息科学与工程学部海洋技术学院讲师,2022 年秋季学期参加学校课程教学评估。

立完整的课程知识框架。

1. 立德树人守初心

以立德树人为根本,将课程思政元素融入专业课程教学。

(1)严于律己,不断提高自身的思想道德修养,提升教学水平、学术水平。

(2)深入挖掘思政元素。将价值塑造、知识传授和能力培养相融合,在提高学生正确认识问题、分析问题和解决问题的能力的同时,帮助学生塑造正确的世界观、人生观、价值观。例如,在讲述课程专业知识的同时,介绍电学历史名人,激励学生树立追求真理的勇气,养成脚踏实地、刻苦钻研、积极探索的治学态度与精益求精的工作作风;授课中结合当下时事热点事件,厚植学生科技报国的家国情怀和使命担当,引导学生树立远大理想和爱国主义情怀,践行社会主义核心价值观。

(3)坚持授人以渔。授课过程注重内容的整体衔接,将电路基本概念与分析方法有机结合,在教学中帮助学生建立系统的思维方式,形成正确的学习方法,培养良好的学习习惯、正确的学习态度与严谨的学习作风,教导学生诚实守信,严于律己,"抬头做人,低头做学问",脚踏实地地努力从我做起,提升学习能力。

(4)立体式教学。采用课堂教学与电子仿真结合、雨课堂与 Bb 平台辅助、课后拓展、小组协作等方式,培养学生独立思考、善于钻研、不断探索的学习精神,建立良好的团队协作能力。

2. 实施混合式教学,提高课程教学效果

采用 BOPPPS 教学模式,将"电路分析基础"的授课设计为"引入、目标、前测、交互、后测、小结"六个阶段,并且根据授课内容将 BOPPPS 教学模式的六个阶段有机结合。

(1)以学生为主体,全方位开展教学工作。

"电路分析基础"课程的概念与定理多且难理解,电路组成结构多样化,应用所学电路分析方法及电路定理求解电路的过程不唯一,相对灵活。但课程授课对象的理论基础参差不齐,部分学生背景知识较缺乏。

针对课程特点和授课群体特征,遵循 BOPPPS 教学模式,我采取了如下的方式开展教学工作。一是根据学生学情和他们的认知规律及专业各课程间的关系对整体教学内容进行梳理重整,全面规划混合式教学方案。二是通过 Bb

平台发布教学课件、学习视频、预习重点、预习自测供学生提前了解所学知识，使他们有预期、有准备地参与课堂学习。三是课堂教学中，随堂适时补充课程基础知识。例如，网孔分析和节点分析中求解方程用到的克莱姆法则，除了在Bb平台发布预备知识预习模块外，还在课堂中对行列式及其性质、矩阵的定义以及克莱姆法则进行针对性的讲解。再如，动态电路分析中，了解学生学习高等数学的进度，适当补充不定积分和定积分的概念，剖析原函数与导函数、积分之间的内在关系。背景知识的补充紧扣教学内容，针对性强，学生在学习中不枯燥、易接受，对掌握电路分析课程内容很有帮助。四是采用问题导向，启发和激励学生参与教学过程。例如，利用网孔分析和节点分析时，启发学生思考所列电路方程的本质；再如，讲授单口网络的平均功率时，抛出问题"端口电压有效值和电流有效值的乘积是什么？"通过讨论、例题分析、雨课堂测试等，调动学生的思维积极性，将知识点内化。五是制作思维导图、流程图对所学课程进行归纳和总结，并在雨课堂和Bb平台发布给学生，便于学生对所学知识进行梳理。六是根据知识结构以及选课学生人数较多的特点建立课堂与课下学习小组，促进学生互帮互助，共同进步；通过Bb平台复习测试、微信群线下辅导等方式及时帮助学习基础弱的学生，课下随时解答学生提出的问题，不放弃每一位学生。

（2）电路仿真实验与理论课程相结合。

将Multisim电子电路仿真软件引入课程教学。按照教学进度，课堂中适当选取典型电路仿真软件，抛砖引玉，课下Bb平台发布电路仿真资料，让学有余力的学生课下拓展。例如，课程第四章分解方法中关于最大功率传输问题的知识点，我们探讨：一个含源线性单口网络，当所接负载不同时，从单口网络传输给负载的功率就不同，负载为何值时能从电路获取最大功率，最大功率的值是多少？结合抽象的理论分析，授课中我们采用Multisim对电路进行动态分析，负载为可变电阻器，通过调节负载电阻阻值，观察负载功率的变化，从而得出最大功率传输定理的结论。

二、关注学生学习状态，追求有效课堂教学

1. 关注授课群体特征，与学生一起攻克难关

对大一新生来说，大学学习模式与高中阶段有所不同，如何适应大学学习

模式、提高自主学习能力对后续学习尤为重要。于是我提前布置了解课程相关背景知识的任务,让学生课下自学,对学生提到的问题,采用微信、视频讲解等方式积极地为学生答疑解惑,同时在课堂上适当补充讲解和点拨。

对学习基础相对薄弱的学生,我会全方位为其提供多渠道学习途径,鼓励他们及时与老师沟通,共同分析,解决问题,帮助他们补基础、促发展。

2. 通过课堂教学和课下反馈,掌握学生学习情况

在教学过程中,我注意观察学生的课堂学习情绪,适当调整授课节奏。化繁为简,突出课程授课重点和难点,在课堂上给学生思考的空间,创造宽松、民主、和谐、乐学的课堂气氛。通过 Bb 平台、雨课堂,了解学生课前预习、课堂互动、课下自测以及作业的参与度与掌握程度。通过教学反馈,有针对性地关注基础差的学生,适时加以辅导,并加强学习监督。

3. 引导学生掌握正确的学习方法

通过基于 BOPPPS 模式的混合式教学,结合雨课堂、Bb 平台辅助学习,让学生掌握"一善三多"的学习方法,即善于听讲,多想、多看、多练。讲课中注重探讨一题多解,对各种分析方法进行总结,面对电路具体问题,将所学电路知识融会贯通,加深对基本概念、定理的讲解,分清它们的区别和联系,帮助学生进一步理解电路分析的本质,为以后的电路综合学习做好理论储备。

三、教学相长,且行且思

以教书育人为己任,静心做一名教师,尽心教授每一名学生。回顾这一学期的评估,在学情分析、教学设计、课件打磨、课堂互动、课下反馈等各个方面,收获很多。教学过程中,我认真听取听课专家的意见,结合学生实际,不断改进教学,剖析教材内容,努力提高教学实际效果。通过教学观摩,向优秀的老师学习,并参加各类教学教研活动,在学习中不断提高自己的教学能力和业务水平。教学工作,任重道远,未来的教学之路我将与学生共同成长。

如何上好一门理论课

郭玉越*　■

2022 年秋季学期，我主讲的"西方文论"课程参加学校的课程教学评估。"西方文论"之"论"字，即为"理论"之义，所以这是一门不折不扣的"理论课"。对于"理论"，多数学生的第一反应是抵触，因为在人们的普遍印象中，"理论"总与"枯燥""晦涩""刻板"等特征联系在一

起，难怪歌德在《浮士德》中会说："理论是灰色的，而生活之树是长青的。"一"灰"一"青"之间，尽显理论的难懂和难教，因此这是一门我虽然已经上过四遍，但依然在摸索中改进的课程。恰逢此次课程教学评估之机，先后有 19 人次的评估专家听过这门课程，给我提出了很多宝贵的建议。这些建议中，有教学理念的指引，有教学方法的推荐，还有课程知识的扩充，让我受益良多。有了评估专家的建议，再加上自身教学实践中的体会，我对"如何上好一门理论课"这个问题有一些个人心得，总结如下。

一、理论课不应该是死板、教条的

从古今中外对"理论"的界定来看，"理论"所关注和讨论的都是根本性的问题，即研究者从研究对象的外部形态出发，对研究对象的内在原则、原理和基本方法进行剖析和讨论。这些"原则""原理""方法"一旦被总结出来，就会成为一

＊　郭玉越，中国海洋大学文学与新闻传播学院副教授，2022 年秋季学期参加学校课程教学评估。

个个稳固的"条款",摆在那里供人去理解和运用。理论课老师,如果仅仅是僵化地将这些理论条款放在 PPT 上,然后宣读给学生听,那么学生只能看到一个在形式上比较完整的教学框架,但对这个框架为什么如此搭建没有丝毫的了解,对这个已经搭建起来的框架的内在逻辑关系也完全不清楚。如此一来,理论教学就会变得死板,学生学习兴趣就会降低,教学效果就会不理想。

因此,理论课首先要摆脱的就是对现成教条的机械搬用。更具体地说,就是要将现成的理论教条,还原到这些教条所产生的社会环境和文化语境当中,将理论还原为人类日常生存的实际需求和实际情况,从而给理论一个稳固的现实席位。要让学生知道,理论的出现不是空穴来风、一蹴而就的,而是来源于活生生的现实生活、现实需求,其中蕴藏着人类追求卓越的理想和锐意进取的精神,要打消学生将"理论"等同于"形式"的成见,赋予理论以切实的根基和内涵。

二、理论课不应该是无趣、沉闷的

在理论课课堂上,与死板而教条的教学模式相伴随的,就是无趣而沉闷的课堂气氛。作为调节课堂气氛的主体,教师在进行教学设计时,必须将课程内容的讲授方式、案例的选取、上课的节奏等问题考虑在内,从而化解课堂氛围沉闷的难题。

以"西方文论"课程的第一节课为例,为了将"理论"这个概念讲解清楚,我将"翟某论文抄袭事件"引入课堂教学。当演员翟某被曝出论文抄袭时,有粉丝在微博上替他辩护,说:"没必要抓着这些不放吧?他不是个演员吗,非要纠结于论文?演技好,人品没问题不就 ok?他本职工作做的没问题就行了。"这话初听起来还不太好反驳,但仔细辨析,这位粉丝其实是在混淆"理论"与"实践"的界线:作为一个演员,翟某所从事的是艺术实践活动。同时,作为一名研究生,翟某要达到毕业要求,就需要完成毕业论文。其毕业论文虽然是关于表演艺术的,但"写论文"这件事情本身并不是艺术实践活动,而是经过研究而写出理论性的文章。理论性的文章要有作者自身的观察、总结、反思和表述,讲求独特性和创新性,不可抄袭。因此,就其演员的身份来讲,翟某"本职工作"做的的确没问题;但就其研究生的身份来讲,他不仅没有做好自己的"本职工作",而且还违反了最基本的学术规范和学术道德。作为一个公众人物,翟某的这种行为会对社会风气造成诸多不良的引导,必须明确地予以纠偏。用这个案例来解释

"理论"的内涵,既将艰涩的理论问题转化为接地气的实际问题,使得课堂氛围灵活轻松,又起到了引导、教育学生遵守学术规范、严守学术诚信的作用。

三、理论课不应该是肤浅、流俗的

通过有趣的方式讲述理论,并不是要把理论课变成一场场"脱口秀"。理论本身的深邃决定了理论课不能如此肤浅而流俗,如果说"死板而教条"是理论课的一个极端的话,那么"肤浅而流俗"就可能是另一个极端。在这里,"浅"并不指向轻松幽默的讲解方式,而指向课堂所讲的内容不深刻、道理不精准、价值不鲜明。

以"西方文论"的最后三次课为例:学期的最后三次课,要用六个课时啃下本门课程最难啃的一块大骨头——康德美学。作为对整个西方古典美学的总结,同时也作为整个西方现代西方美学的源泉,康德美学在文论史上的地位是毋庸置疑的。但由于康德著作语言晦涩、结构庞大,很多讲解者经常是"复杂的问题简单处理",主要讲解康德所提出的"鉴赏判断的四个契机",并以"美的无功利性"作结。其实,如此作结并不符合康德之原意,是将康德美学思想浅薄化、流俗化了。因为在康德的整个哲学体系中,"无功利"的美并不是他"美的理想","美的理想只可以期望于人的形象。在这个形象这里,理想就在于表达道德性"。所以,康德最终是将美的理想落脚到"人的道德性"上,以一种"善美"相统一的方式,体现和总结了西方古典美学精神。

在参加课程教学评估的过程中,多位评估专家对这门理论课程的讲授难度给予充分理解,"理论课不好上"是大家的共识。同时,我也在反复思考:又有什么"课"是好上的呢?上好一门"课"的核心因素是什么呢?我想所有问题的答案都在"以学生为中心"这六个大字当中。

"磨"课中共同成长

于晓艺 * ■

《礼记·学记》曰:"虽有佳肴,弗食不知其旨也;虽有至道,弗学不知其善也。是故学然后知不足,教然后知困。知不足,然后能自反也;知困,然后能自强也。故曰:教学相长也。"

我所讲授的课程是"法理学与法律职业伦理"。它是因中美合作办学项目的特殊要求而进行的合体性改革的结果,当然也由此导致课程的教授难度和学生的接受难度陡然增加。如何教得好,学生怎样才能学得好,我着实下了一番功夫。

一、研习教学,厚积薄发

法理学的艰涩、抽象、没那么有趣,一直以来都是授课教师的痛。毕业多年的学生偶尔分享他们体验到法理学价值的喜悦,让我感到欣慰的同时也不断思考,如何让学生在刚刚接触时就能有所体会并愿意投入。2017年,从教的第10年,我开始密集地研习教学理论。截至今年,参加教学研讨活动近50场,主持、参与教学项目10余项,作为团队成员连续两年获得山东省普通高等学校教师教学创新大赛二等奖。这些工作的探究、实践和积累,都在不断地促进我的教学理念的更新、教学技术的熟练、教学学术的开展,都为教好这门课奠定了坚实基础。

* 于晓艺,中国海洋大学法学院副教授,2022年秋季学期参加学校课程教学评估。

二、聚焦学情，因材施教

信息时代，学生获取知识的途径更加便捷，进而拥有了不同的素养背景和知识体系，寻找一个共同的学习起点或集体共性成为难题。因此，我在教学中对于这些不同的经历、视角和观点给予更多的包容，激发学生学习的主动性和求知欲，提升、改善其对复杂环境的控制力和判断力以及运用理论对具体事件进行分析和解决的能力。

以学生为中心，线上线下、课上课下相结合的模式，在一定程度上缓解了学时压力，但是实质性推进学习内容的融合才是根本。横向上，以课程思政为契机，基于法理学和法律职业伦理的学科本源定位，将课程思政与法学思政课程相融合；纵向上，基本点＋深度探寻＋前沿追踪的层层剥离，激发学生的好奇心和求知欲，将专业能力提升与职业认同、家国情怀相统一。

三、教学有法，教无定法

本课程并没有典型意义上的流程管理特征，也就是说即时性的前测与后测的对比分析并无法有效反映课程的教学效果和学生的学习收获。如何让学生及时地感受到自己的成长并以此提高学习兴趣是一项很有难度但又必须解决的问题。本课程尝试通过不同教学环节、不同案例、不同视角将思维变化进行可视化展示来帮助学生进行体验。

该课程内容的五大板块因内容差异，在能力提升的关键点上也有区别，于是我综合运用多种教学方法组织教学：法治中国模块是开篇，顶层设计、政治引领是关键，我开展了全员参与的课程汇报进行启发式和沉浸式引导；法律规范体系强调制度建设，重点突出文本分析，树立规则意识，讲授法最为有效；法律实施体系强调行动中的法，我重点让学生学会观察和体验，并采取分小组学习方式加大力度；法律保障体系强调法与其他社会制度规范的互动关联，重点训练系统思维，研究型探讨必不可少；法律监督体系强调底线逻辑，作为课程的尾声警钟长鸣，我采取反思型教学，提醒学生法律相关职业在一定意义上具有高危险性，需时刻保持敬畏与谨慎。

四、问题引导,多元促进

法律职业能力的核心是法律问题的识别与解答。我通过强化问题意识,设置多层次问题,帮助学生塑造反思性思维方式,实现职业使命感的内在生发。在学习环节上,设置课前准备、课中研学、课后巩固三大核心模块:课前通过 Bb 平台提前上传课程预习 PPT、学习资料和阅读书目等,通过预习反馈,汇总学生的学习痛点;课堂教学中,通过雨课堂投票、问题引导、角色扮演、案例分析、影视再现、小组合作学习等活动丰富课堂形式,展开批判性、沉浸化学习,真正实现学生的"主体地位";课后利用课程微信群、Bb 平台等网络平台,强化线上与线下相结合、课上与课下相结合,增强学习效果,拓展教学时空,坚持即时答疑解惑,为保证思考连续性,贯彻三小时工作法为学生答疑解惑,启迪思考和创新。通过对不同环节进行不同成绩权重的赋值,形成了体系化的过程性评价,极大地提高了学生的参与性和投入度。

五、剥茧抽丝,见微知著

每一节课的顺利进行还得益于许许多多小细节的帮助。123 位学生的大课堂,我通过多维度不同分工的助教小组,建立良好的沟通渠道,实现对学生学习状态的即时督促机制,在一定程度上缓解了学生担心不被关注的焦虑,同时也避免了部分学生想"搭便车"的行为。固定座椅的大阶梯教室加大了师生互动、生生互动的难度,我就以小组为单位,通过集体回应、分小组讨论、个别分享的交叉询问,增加每一位学生的课堂参与机会,让课堂动起来。同时运用雨课堂等现代教学技术,有效利用大数据进行课堂学情分析,根据不同情况分别进行警示型、解答型和引领型反馈。

本次课程教学评估中,有 20 余位专家走进我的课堂,从不同角度与我交流沟通,让我受益匪浅,获益良多。由衷地敬佩他们的专业精神,感恩他们的无私奉献。千淘万漉虽辛苦,吹尽狂沙始到金。我定不忘初心,以梦为马,在"磨"课路上砥砺前行!

教无止境,微以致远

李小林[*]

2022 年秋季,我以金融学 CFA 实验班的"会计学(双语)"专业特色课程参加了学校的课程教学评估工作,以期通过众多专家的诊经把脉、帮助指导,更好地重构课程资源、丰富教学手段、优化教学方法、确保教学质量,更有力  地支撑我院 CFA 实验班的品牌建设和人才培养。教学中,我充分利用 Bb 平台和雨课堂平台导入课前、课中和课后教学资源,结合课前精心设计的教学方案,充分引导学生深度参与课堂、深度把握所学内容,取得了较好的教学成效与学生评价。现就参加评估以来的一些心得体会与反思,与大家分享。

一、做好学情分析,以学定教

学情分析是制订教学方案的基础。一方面,随着经济全球化和我国双向开放程度的不断深化,培养具有国际化视野和全球化思维的高端金融人才是新时代我国高等学校金融学专业人才培养工作的必然要求。另一方面,就本次评估课程的授课对象而言,CFA 实验班本科一年级的学生刚开始接触与高中课程大不相同的大学专业课程,对课程所涉及的基础专业背景和概念了解甚少,而且部分学生受英语基础的影响,对学习双语类的专业课缺乏足够的信心,这给

* 李小林,中国海洋大学经济学院副教授,2022 年秋季学期参加学校课程教学评估。

授课教师增加了课程设计和讲授的难度。基于以上学情分析,在这门课程参加评估之前,我对采用何种教学模式、实施何种教学步骤、实现何种教学目标进行了深入思考,最终确定了"课前预习(Bb 平台和微信群同步发布预习资源)＋课中学习(BOPPPS 六步教学法)＋课后作业与复习巩固(微信作业推送＋小程序错题反馈＋Bb 平台习题视频讲解)"的教学模式,并注重目标导向与问题驱动,引导学生与学习内容充分互动,帮助学生实现深度参与式学习。

二、实施深度参与式教学,以学施教

1. 导入

学生在学习过程中的高认知投入、高情感投入、高意志投入是实现深度学习的内在保障,也是学生深度参与课堂学习的必要条件。为了激发学生深度参与的动机与兴趣,本课程设计了 10 多个案例贯穿课堂教学全过程,每个案例对应各自章节的核心知识点。我通过对生动活泼的财务现象进行剖析,引导学生从不同的角度分析现实问题背后的动机与逻辑,以让他们对核心知识点在直观了解的基础上进一步分析认识。这种感性宏观认知＋理性分析探索的教学方式,成为驱动学生深度参与课堂学习的一大动力源泉。

2. 目标

在课程建设中,我特别注重在教学资源、教学设计与课堂讲授中按照知识、能力和价值三个层级建立课程教学目标体系,特别是在案例分析过程中,尤为注重案例分析和价值引领的有机结合。其中,知识和能力目标注重提升学生的专业素养,有效突破学习的重点和难点,实现专业认知和技能的获得性学习。而价值目标注重学生情感需求和价值追求的引导与塑造,增强学生对社会主义核心价值体系中诚信和敬业目标的认同感和遵从度,引导学生在日后的工作中立足于真凭实据进行企业经济交易的会计记录和账务处理,确保会计信息的真实性、客观性与可靠性。

3. 前测

由于课程是以双语方式授课,学生对于专业术语较为陌生,因此,每次课前我会通过 Bb 平台在课前发布预习资源、预习任务单以及课前自测题目,引导学生在课前完成预习任务,并反馈预习中遇到的困惑。特别是,我会通过列举专业术语清单减轻学生在自主预习过程中的难度。前测环节的设计一方面可以考查学生对相关教学知识点的预习完成情况以及学生对重要知识点的前期理解程度,以便于教师调整相关教学内容,实施针对性的教学方案。另一方面,这一过程还有助于培养学生对学习的自我规划、自我监控和自我强化的意识,引导学生对自己的学习态度与方法进行自我观察与检视,促进其反思和自省,将学习看作自己主动而自觉的行动,而不是等待教师指令规约的被动操作。这些对于其学习习惯和计划的养成均大有裨益。

4. 参与式教学

参与式学习是 BOPPPS 教学模式的精华所在,其核心目的在于培养学生在学习过程中的自我意识和自我能力,充分引导学生积极主动参与课堂学习并深入思考问题、解决问题。为引导学生进行更加有深度的参与式学习,我一方面根据每次前测情况对授课内容进行修改和调整,酌情增加学生预习过程中效果不佳的知识点内容的讲解和训练,最大限度地消除学生的疑难点。另一方面,我运用雨课堂教学平台限时答题、课堂测验等互动教学功能,通过设计和安排一系列有主题、有层次、兼有独立性与关联性的问题,将原本"碎片化"的知识点整合成结构化、系统化的知识体系,不断启发学生进行自主思考,引导学生进行思维逻辑的训练。从学生的反馈来看,这样的课堂参与式学习有效提高了学生的课堂主动性和参与度,增强了师生互动、生生互动以及学生和教学内容之间的充分互动。

5. 后测

后测与前测相呼应,用以检测学生的学习进展,既是对本堂课既定教学目标的评估,也有助于对教学过程做出持续改进。这与当前课堂教学评价改革中将关注焦点从"评教"转向"评学"的趋势是一致的,也与当前越来越受重视的基于产出导向的教育理念有很高的契合度。在课程教学中,我会在每一章内容结束后,通过设置多种类型的测试题,围绕所学的核心知识点进行测试,并会在此基础上进行适当的拓展与拔高,以启发学生在课外进行更多的自主性思考。同样的,为及时解答学生在后测中的疑惑,我会利用课外时间组织学生反馈错题难题,并基于错题反馈,利用腾讯会议直播平台为学生录制错题讲解视频,同步发送至 Bb 平台和微信群,由学生观看并打卡。这一过程的嵌入不仅实现了课堂教学时间的有效延伸,也与学生深度参与式学习的教学主旨相呼应。

6. 总结

在课程教学过程中,我还采用了师生共同总结的方式,不仅可以引导学生通过自己的语言梳理知识脉络,也可更好地凝练和强化重难点,拓展学习内容,铺垫后续课程。

三、教无止境,微以致远

2022 年秋季学期课程教学评估之旅已结束。回顾这两三个月里每一次课前准备、课中表现以及课后反思,仍然历历在目、感慨良多。尽管这已经是我第二次参加课程教学评估了,但此次教学评估带给我的压力感和成就感前所未有。这次教学评估经历是我职业生涯中的又一起点,此中所得到的经验、教训与感悟必将为我今后做好课堂教学、开展教学研究奠定良好的基础。再次感谢学校组织的教学评估工作,也非常感谢各位评估专家提供的宝贵意见与建议,使我收获颇多。

从我个人角度而言,虽然这次课程教学评估取得了一些成效,但仍然有许多不足之处有待进一步改进和优化。知识在更新,理念在发展,我们的教学改进永远都不能停下脚步。在今后的教学工作中,我会秉承"教无止境,微以致远"的进取心,基于时代发展,依据学情动态,不断优化教学理念与方法,不断完善教学设计与流程,更好地引导学生深度参与学习,不断提升课程的高阶性以及育人质量和水平,争取获得更好的教学效果。

有感于"以学生为中心"

邢 军 *

　　再过两年我就已经从教 30 年了！对于教学工作的认识虽谈不上深刻，但我喜欢上课，也喜欢和年轻的学生探讨学术、探讨人生。自从站上三尺讲台以来，我一直深怀敬畏之心，不敢有丝毫懈怠！对学校的课程教学评估工作有所耳闻，也曾听参评的老师讲起，参加评估的那一学期是辛苦异常的。本想着在自己的教学生涯中可能不需要经历了，可学校制度的调整让我"必须"参加教学评估，心里不免有些惴惴不安，也带有些情绪。

　　而跟随教学评估的步骤行动起来，心也就慢慢沉了下来，逐渐进入迎评的节奏中。我参加了学院和学校组织的各种教学活动，也学习了解了最新的教学方法、教学模式、教学理念，其中，"以学生为中心"引起了我的思考。常年从事国际中文教育工作，我对"以学生为中心""精讲多练"的教学理念再熟悉不过了。但面对新时代的大学生，再加上"社会语言学"课程的学术性强，理论知识性较深，我的课程该如何贯彻"以学生为中心"？该关注学生何种能力的培养？

　　于是我收起曾经的漫不经心，开始正视和重视，并着手积极认真地备课，不仅要备教材，还要备学生。当来到课堂上，真正面对他们的眼神——跟我女儿一样年龄的年轻人的眼神时，我好像读懂了"以学生为中心"的深层含义，就是我要带着我的"社会语言学"课程走进他们的世界，而不是让他们走入我为他们

　　* 邢军，中国海洋大学文学与新闻传播学院教授，2022 年秋季学期参加学校课程教学评估。

建构的课程世界。新时代的大学生,个体差异较大、个性强;很多学生见识广、外语好,有的甚至会两门以上的外语;他们是读图读影像长大、自信的一代……那么,我要如何让我的课程走入他们的世界呢?

一、努力提升课件的制作水平

再好的内容也要有好的形式为载体和依托,形式不是根本,但它可以起到锦上添花的效果。于是我在网上买了丰富多样的 PPT 模板,选择适合课程内容的版式,结合教学内容找来大量适切的图片充实其中,让我的 PPT 图文并茂,以帮助学生更好地理解;不同的章节采用不同的图示,帮助学生复习记忆。这样的课件增加了吸引力,也提升了学生的学习兴趣。

二、学习大学生的语言方式,增强语言的亲和力

在这一过程中,我多次和女儿交流学习,了解年轻人的话语习惯;同时,通过网络,学习了解当前青年学生们熟悉的网络语言等,拉近与他们的距离。比如,我在思考题和作业的提示语用"小胖友,你来谈谈!"只要这个提示语一出现,学生就知道思考题和作业来了!

三、不空讲理论知识,将理论知识与经典案例紧密结合

每次课结束我都给学生布置联系实际的作业题,课中也有专门的作业展示时间,最终形成了理论知识、经典案例与学生调查研究案例紧密结合的授课方式。记得在讲"语言的阶层变异"时,我讲了北京大学师生的一个"称谓语"调查的经典案例,并留了一道思考题"在社会交往中,你是否会遇到'称谓'的困惑?请分析。"有一位学生做了"校园'搭讪'称谓语"的调查。我在课上展示了她的调查结果并给予肯定。令人意想不到的是,后续不断有学生展开类似的调查,还拓宽了思路,包含了线上的搭讪称谓语、文科生和理科生的称谓差异等,有的学生还为了研究调查数据自找方法。为此我专门进行了教学内容的调整,在"社会语言学研究方法"一章中讲解了适合他们的调查分析方法。当我看到学生的评语,如"给学生的自由度高,老师很尊重学生以及学生的看法,给学生很大的独立思考空间""老师课上的内容安排和作业都很有意思,让人更加了解社会语言学""教学模式丰富,能调动学生学习兴趣"等好评时,我知道,我和我的

"社会语言学"课程走进了他们的世界。

"以学生为中心"的另一层含义是"教学相长",反之亦然。课上每每讲到语言变异现象,我就启发鼓励学生关注自己身边的人、喜欢的文学影视作品中的语言变异现象。学生会积极地寻找丰富多彩的实例,不仅加深了他们自己对课程内容的理解,也为我提供了丰富的教学素材。有时学生对课程内容的理解令我"惊艳"。比如,为了表示亲近,我常会省略学生的姓,只称其名,而一位学生敏锐地注意到了,她结合所学,做了一个"称呼名字后两个字的调查访谈"。结论是,一部分在校大学生对此种称呼方式接受度低。

教学评估结束了,但我深知真正的评估结果在学生那里:学了这门课的学生是否深切地关注了使用语言的人、社会和自己?这门课是否能成为学生发展的坚实阶梯?从这个角度来说,要感谢课程教学评估,因为它使我对教学有了更深刻的认识。

参加课程教学评估的过程是辛苦的,收获也是巨大的!而那么多的专家不辞辛苦地来到我的课堂,为我的教学工作"诊经把脉",提出了许多很好的意见和建议,也让我非常感动和感谢!

感谢评估,让我再一次全力以赴,也让我的教学工作更上一层楼。

附 录

APPENDIX

中国海洋大学本科课程教学评估工作办法

（海大高教字〔2021〕9 号，2021 年 11 月 10 日印发）

第一章　总　则

第一条　高等学校的根本任务是人才培养，教育教学质量是高等学校的生命线，教学工作始终是高等学校经常性的中心工作，提高教学质量是高等学校永恒的主题。中国海洋大学自 1986 年开始启动实施并持续开展课程教学评估工作，该项工作对激励广大教师更加重视教育教学工作、努力提高教学质量，对学校优良教风与学风的巩固和夯实，发挥了重要作用。为与时俱进贯彻落实好国家教育方针政策，更好地传承、巩固、发展、创新课程教学评估工作，进一步促进课程建设和教师教育教学能力与水平的提升，结合当前国家教育教学改革的新形势及学校本科教育教学工作实际，对《中国海洋大学本科课程教学评估工作实施细则（2008 年）》进行修订，制定本办法。

第二条　中国海洋大学本科课程教学评估工作宗旨是"以评促建，以评促改，评建结合，重在提高"。

第二章　组织机构与管理

第三条　中国海洋大学本科课程教学评估专家常设委员会（以下简称常设委员会）负责全面领导、指导学校本科课程教学评估工作，适时组织制定课程教学评估工作实施细则、课程教学质量评估指标体系，制订学期课程教学评估工作计划，研究学期课程教学评估专家的人选或聘任事宜，解决课程教学评估工作中出现的疑难问题。常设委员会主任、副主任及委员均由学校任命。

常设委员会成员均应积极从事学校、学部、学院（中心）的教学质量保障体系建设工作，主动加强学校与学部、学院（中心）之间的信息沟通与联系，自觉维护学校课程教学评估工作的客观性、公正性、严肃性、权威性，充分发挥评估工作在本科课程建设中的示范、引领和辐射、带动作用，推动校、院两级协同打造卓越教学质量文化,研究评估工作中发现的问题,提出改进、解决的建议和措施。

第四条 常设委员会在高等教育研究与评估中心设课程教学评估办公室,配备专职工作人员。课程教学评估办公室负责学校课程教学评估工作的组织、管理与服务工作,包括根据专家工作情况按标准核定发放专家工作酬金、对参评教师就评估工作流程或对评估结果的问题和异议进行答疑和说明、课程教学评估活动的宣传和优秀教学案例的示范推介。

第五条 根据学期课程教学评估工作需要,经常设委员会提名,并报主管校长批准,学校选聘常设委员会成员及校内外在岗或退休的教授、副教授组建课程教学评估专家队伍。专家队伍分为学科组、同行组、横向组三个类别,分别由与参评课程所属学科相近相关的大学科同行专家,与参评课程所属学科基本一致的小学科同行专家和具有丰富教学经验、了解本科课程教学整体情况、能够开展横向比较的专家组成。三类专家根据分组安排,开展参评教师课程教学质量评估工作。

第六条 课程教学评估工作会议包括每学期的表彰总结及启动会、中期交流会和评定会。评估表彰总结及启动会邀请学校主管教学的校长及教务处、人事处、学生工作部等部门负责人,评估专家、参评教师及学生代表参加,听取评估专家和师生对学校教育教学改革、教师发展、教学管理、学生管理等方面的意见和建议。中期交流会和评定会主要由评估专家参加。

第三章 评估专家的工作职责

第七条 受聘担任学校课程教学评估工作的专家均应具有丰富的教育教学经验,有较高威信,做事严谨、认真、客观、公正,热心课程教学评估工作,能够严格按照评估工作程序和要求行事。

1. 主动学习了解国家教育教学改革的方针政策和最新的教育教学理念、技术、方法等,不断提升视野、格局以及工作能力和水平;提高站位,站在学校的高度,切实营造风清气正的评估工作氛围和良好的评估工作导向。

2. 按要求完成课堂听课任务,不迟到早退,不干扰教师正常教学活动;利用课间、课后以面谈、电话、微信、邮件等方式与参评教师进行沟通交流,就师德师风、课程教学、课堂管理、课上课下教学工作的协同开展等提出意见和建议,探讨以学生为中心的教育教学理念、课程思政等贯彻实施的方式方法。

3. 认真听取学生对于参评教师的评价;向参评教师所在学部、学院(中心)领导、教师等了解其一贯的教学表现。

4. 认真查阅课程教学评估材料(一般包括教学日历、教学大纲、教学设计、讲稿、学生作业和试卷等)和课程教学网络平台资源。

5. 形成对参评教师的听课意见。听课意见原则上应覆盖《中国海洋大学课程教学质量评估专家用表》所提及的各个方面,根据听课和查阅情况科学、准确、客观、合理地进行打分评价;客观中肯指出参评教师课程教学的优点和不足,尤其是在课程教学目标、教学内容、教学方法、教学效果以及未来努力方向等方面,意见应尽量具体,具有可采纳性、可执行性。

6. 按时出席学校召开的课程教学评估工作会议,积极参加专家组组长召集安排的评课审议活动,听取、讨论对参评教师的课程教学评估意见并达成一致的评估等级意向。

7. 遵守保密纪律,不对外谈论各种评估会议讨论、争论的情况以及评估的初步意见、未公开的细节内容等。

8. 恪守工作职责,切实维护评估工作的权威、严肃、公平、公正,除与参评教师就教学工作进行探讨、沟通、交流外,不得接受、收受参评教师请客送礼,不得承诺、许诺和拉票干预评估。

评估专家如出现违反评估工作纪律的行为,一经查实,报请相关职能部门进行处理,并不再聘为评估专家。

第八条 除以上对课程教学评估专家的共性要求外,横向组专家、学科组组长及专家、同行专家还应做到:

横向组专家

需对大组每门课程现场听课至少一次,通过横向比较,向参评教师做大组相互听课观摩学习的推荐。按时参加专家组中期会议,讨论交流相关情况,研讨时要坚持实事求是的原则,力求科学、准确、客观、公正。会后,根据评估工作需要继续进行有针对性的听课指导。评定会前,在严格标准、尊重多数、求同存异的基础上,达成横向专家组一致的评估意见和评估结果推荐等级。

学科组专家

学科组组长应了解、掌握本组其他专家听课情况,带动、提醒专家按时完成听课任务,协调安排本组专家进行跨小组听课;召集本组专家到课程教学评估办公室查阅参评教师提交的评估材料;组织学科组中期会议,交流本组专家工作情况,确定进一步针对性听课计划;整理形成本组的评估等级推荐方案及评估意见,推荐方案应坚持高标准、严格要求,严把质量关。

学科组专家需在各参评教师学期课程教学计划安排时限内完成相应课程的教学评估工作,确保完整听取本小组每门课程2～3次,同时每位专家跨小组听课不少于3门次。按时参加学科组中期交流活动,提出改进课程教学的意见和建议,并对本组参评教师达成一致的评估意见和评估结果推荐等级。学科组专家要加强与参评教师的交流,帮助教师进一步明确课程建设的方向,深化课程建设与改革,提升课程的高阶性、创新性和挑战度,指导教师进一步提升教育教学能力和水平。

同行组专家

需在规定的时间范围内完成相应课程的教学评估工作,每门课程应完整听课不少于2次,课后与授课教师及时沟通交流,反馈听课意见。要从学科专业的广度和深度着手帮助教师进一步明确课程建设的方向,挖掘、培育课程亮点,在教学内容的更新及教学方法的运用和学生课堂专注度的干预引导、课业指导等方面提出改进的意见和建议,帮助教师及时改进教育教学工作中存在的问题和不足。

第四章　评估工作的组织

第九条　准备参评的教师原则上应以所承担的公共基础类、专业教育类课程申请并经学部、学院(中心)组织专家评估,评估等级在良好及以上的方能被推荐参加学校课程教学评估;同时,还须符合以下基本条件:

1. 授课对象为普通高校全国统一招生考试录取的全日制本科学生,选课学生不少于10人(艺术课除外)。

2. 课程授课学时数不少于32学时。

3. 授课教师独立承担并完整讲授所有授课内容且已讲授过两遍以上(含两遍)。

第十条　评估工作的基本程序

1. 每学年的春季和秋季学期期中启动下一学期的本科课程教学评估申报工作。由教师个人自愿申报,经学部、学院(中心)评估推荐参加学校课程教学评估的课程,参评课程教师须按时提交申报表、教学日历、教学大纲等材料。

2. 课程教学评估办公室审核确定参评课程,报主管校长批准,并根据课程性质按照理论课、体育课、实验课和艺术课分类组织课程教学评估工作。

3. 学期第 3 周,召开评估工作启动会,安排布置学期课程教学评估工作,明确工作要求,所有参评教师及评估专家均应参会。

参评教师需按时提交讲稿、教学设计、学生平时作业、试卷等材料;按要求参加学校统一组织的优秀教师课程教学观摩活动和按课程教学评估办公室提供的教学观摩课程表自主开展教学观摩活动(至少两次),学习、借鉴不学生科课程的教学思想、教学组织方式方法等。

评估专家于学期第 4 周开始开展课程教学评估工作,时间持续至第 16 周结束。

4. 学期第 10～12 周,分别召开学科组会议和横向组第一次会议,分别由学科组组长和横向组组长召集,通报、交流前期听课情况,研究、讨论课程教学评估过程中出现的主要问题,决定后期听课的重点;课程教学评估办公室收集学生对教师教学的意见和建议并反馈给参评教师。

5. 学期第 14～16 周,在随堂听课、深入学部、学院(中心)及学生调研、听取意见和反复讨论的基础上,各学科组撰写形成对参评课程的评估意见;各横向组召开第二次会议,交流、讨论评估意见。课程教学评估办公室对来自评估专家、学生两方面的教学评价信息进行汇总,并采用定量和定性相结合的办法进行数据统计,形成评价意见。

6. 学期第 17～18 周,召开评估评定会,学科组、横向组专家参加会议。评定会议参会专家人数应达到应到专家 2/3 以上(含 2/3)参加方为有效。课程教学评估办公室汇总来自学科组、横向组、同行组专家评估信息以及学生教学反馈等信息,经常设委员会主任审定,呈报与会专家审议。

第五章　参评教师的责任

第十一条　经学校审核确认参加课程教学评估工作后,参评教师应遵循学校本科课程教学评估工作的要求扎实细致地做好各方面的准备工作,按时完成各类教学材料的提交;积极参加评估工作启动会、表彰会和优秀课程教学观摩学习活动。

第十二条　参评教师应端正参评态度,切实以提高教育教学质量和水平为追求,主动加强师德师风建设,以饱满的工作热情和高昂的精神面貌认真开展教育教学工作;积极挖掘课程思政元素,坚持立德树人;积极学习借鉴优秀的教育教学理念和方式方法,推进教学改革;严格课堂管理和学生学习要求,提升教学效果。

第十三条 参评教师应珍惜参评机会,坚持以学生为中心,围绕专业人才培养目标要求,统筹安排线上线下、课内课外教学活动,明确课程教学目标,完善课程教学内容,丰富课程教学方式方法,改革创新学业考核评价;自觉接受评估专家的听课、评课和监督、指导,主动以面对面、电话、微信、邮件等多种方式与专家深入沟通交流,虚心听取关于课程教学改进的意见和建议,并举一反三,进行全面的反思总结和改进完善,不断提升自身的教学能力和水平以及课程教与学的质量和效果。

第十四条 评估工作一经启动,原则上不允许参评教师中途退出。如确有特殊情况可以提出申请,经常设委员会同意并报主管校长批准后方可退出。有退出记录的教师需至少隔一年之后,方可再次申报参评。

凡参加过一次学校组织的课程教学评估后,至少隔一年之后,方可进行第二次申报。

第十五条 参评教师应自觉严格遵守评估工作纪律要求,严禁向评估专家索要分数、拉票、请客送礼。

参评教师在评估学期如出现师德师风问题、教学事故、违反评估工作纪律要求等,一经查实,报请相关职能部门进行处理,同时终止课程教学评估。

第十六条 参评教师应客观正确看待评估结果,认真总结分析教学工作中存在的问题和不足,认真对待学校评估反馈意见,继续积极投入和持续改进教学,不断提升教学质量和水平;主动在校、院开出教学观摩课程,分享评估经验和收获,发挥示范辐射作用;自觉接受学校的跟踪评估和督导。

第六章 评估等级评定标准及结果

第十七条 与会专家按照"看、听、议、投"四步法进行课程教学评估的等级评定,并以实名方式按百分制进行打分、投票。每门课程的得分以专家有效投票为基准,去掉一个最高分和一个最低分后计算出平均值,此平均值即是某一课程的最后得分。

课程教学评估结果分为四个等级:90 分以上(含 90 分)为优秀;大于等于 80 分小于 90 分为良好;大于等于 60 分小于 80 分为合格;60 分以下为不合格。评估等级确定时必须同时满足:最后得分在相应等级区间内和不少于 2/3(含 2/3)与会专家打分在该等级最低分值以上。如得分处于某一等级区间但打分在该等级最低分值以上的专家数不足与会专家的 2/3,则降一等级确定该课程教学评估最终结果。

第十八条　学校对评估结果进行公示,公示期三天。教师如对评估结果有异议,应在公示期内以署名信件或署名电子邮件等方式将意见反映到教学评估专家常设委员会办公室,由常设委员会讨论给出最终处理结果。无异议后,发布文件公布结果,并将书面评估意见分别告知参评教师及有关学部、学院(中心)。

学校对获优、良等级的教师给予奖励,同时颁发荣誉证书。根据学校有关规定,课程教学评估结果可作为教师考核、评聘、晋升、选优的依据,任何人不得更改。

第七章　学部、学院(中心)相应的工作要求

第十九条　各学部、学院(中心)应结合师资队伍建设、学科专业建设、课程建设和人才培养质量与水平提升的需要,进行教师教育教学能力培养工作的科学规划和部署,充分发挥基层教学组织和老教师的传帮带作用,扎实推进教学团队建设,加强教师间工作交流和研讨,促进优秀教学经验的传承和共享。

第二十条　学部、学院(中心)应以推荐参加学校课程教学评估为契机,组织开展学部、学院(中心)内部的教学评估和督导工作,并使之规范化、制度化、常态化,形成学部、学院(中心)推进本科教学工作的长效机制。

第二十一条　学部、学院(中心)应为参加学校课程教学评估的教师提供相应的支持;评估工作结束后,对学校反馈的对参评课程和授课的问题意见,应组织认真研究,制定整改措施,推动整改提高。

第八章　附　则

第二十二条　本《办法》自发布之日起实施。
第二十三条　本《办法》由学校本科课程教学评估专家常设委员会负责解释。

附件:理论、实验、艺术、体育四类课程教学质量评估指标体系。(略)

后 记

为了更充分地展示学校课程教学评估工作的成果,更好地宣传学校的教学质量文化,经学校批准,高等教育研究与评估中心以近五年课程教学评估工作的开展和教学经验的传承为主导,围绕学校课程教学评估工作进行了广泛的征文活动。

在文稿的征集遴选以及编辑出版过程中,我们得到了评估专家、学院负责本科教学工作的副院长和参加过课程教学评估的一线教师的热烈响应及广泛参与支持,他们欣然赐稿,让我们深受感动,大受鼓舞。在文集审阅过程中,于志刚校长曾给予充分肯定;刘勇副校长也应邀欣然为文集作序。感动,一直在心中。

我们期望它成为一本记载学校课程教学评估工作持续发展的工具书,也成为广大教师学习先进的教育教学理念、借鉴优秀的教育教学经验的枕边书,更成为夯实、传播中国海洋大学卓越教学质量文化的宣言书。

最后,由衷感谢学校领导和兄弟部门、院系多年来给予课程教学评估工作的深入指导和大力支持,感谢在文集编辑出版过程中中国海洋大学出版社的同仁们给予的鼎力帮助和支持!

期待本书的出版能够让更多的专家、教师和从事教学管理与服务工作的同志们得到启示和帮助。

编者
2023 年 5 月